下流老人と幸福老人

資産がなくても幸福な人
資産があっても不幸な人

三浦展

光文社新書

目次

第2章 上流老人はさびしく、下流老人は買いたいものが買えない

第3章　何が人生の失敗か。どういう人が幸福か

第4章 資産がなくても幸福な人 資産があっても不幸な人

第5章 多世代共生、多機能、参加型社会が幸福老人を増やす

巻末インタビュー◎ **藤野英人**（レオスキャピタルワークス代表取締役社長・最高投資責任者）

はじめに　下流社会の中に「幸福老人」を探す

60歳以上の方は自分が以下の項目に当てはまるか、60歳未満の方は、60歳以上になったときを想像して、チェックしてみてほしい。

□趣味の仲間などの友人が多い
□隣近所に友人が多い
□未婚、離別ではない
□子供がいて、たまに会っている
□孫の顔を見るのが楽しい
□夫婦仲がよい
□健康である
□異性の友だちがいる
□お金や高級品に執着しない
□自分の幸せよりもみんなの幸せを考える

以上のうち、7個以上当てはまるものがある人は、おそらく「幸福老人」である。幸福老人とは何か、幸福老人になる条件は何か。もちろん、お金はあったほうがよい。だが、それだけではない。そこを考えるのが本書の第一の役割である。

拙著『下流社会』から11年たったが、昨年の拙著『格差固定』でも示したように、『下流社会』での予言はほぼ現実になった。学生、非正規雇用、シングルマザー、そして高齢者などを中心に日本人の経済生活の下流化が進みつつある。

年金だけではとても暮らせない「下流老人」、無許可老人ホームに入る老人、あるいは生活のため、大学の学費や生活費を払うために風俗で働くシングルマザーや大学生などに関する本も話題になっている。また、生活保護の受給者数も年々増加している。ここまで日本の下流化が進むとは、私も思わなかった。

本書は、こうした下流社会的状況の中から65歳以上の高齢者（シニア）の下流化の状況を分析するとともに、一方で、お金はないが幸福な老人になる条件は何かを考えたい。

これから詳しく見ていくが、結論から言えば、たしかに金融資産の多い人のほうが幸福度は高い。だが、資産が多くても幸せではない人はいるし、資産が少なくても幸せだという人も半数ほどいる。

世の中、お金がすべてではない。お金がそんなになくても幸せな「幸福老人」を増やさないと、日本の将来は暗くなり、心がささくれ立つばかりだ。

もちろん、経済的に困窮している典型的な下流老人たちを救う対策は必要だ。だが、同時に、なぜお金がなくても幸福な老人がいるのかを調べることも、これからの超高齢社会の設計のために重要である。

また特に、今後は1人暮らしの老人、特に1人暮らしの女性の老人が増える（図0-1）。そういう人たちが幸福老人であるためには何が必要かも考えることが重要である。

●200万円未満しか資産がなくても半数以上は幸せ

本書の分析の基礎となるデータは三菱総合研究所の「生活者市場予測システム」（m・i・f）の「シニア調査」を使った（2015年6月実施。以下、三菱総合研究所「シニア調査」とする）。

さらにこの調査のサンプルのうち500名に対して、2015年11月にカルチャースタディーズ研究所として追加でいくつかの質問をした。これを「シニア追加調査」と呼ぶ。

「シニア調査」「シニア追加調査」によりシニアの幸福度を見ると、両調査ともに「とても

女性の８０歳以上の１人暮らしが増え続ける

図0−1　1人暮らしの高齢者の数の予測

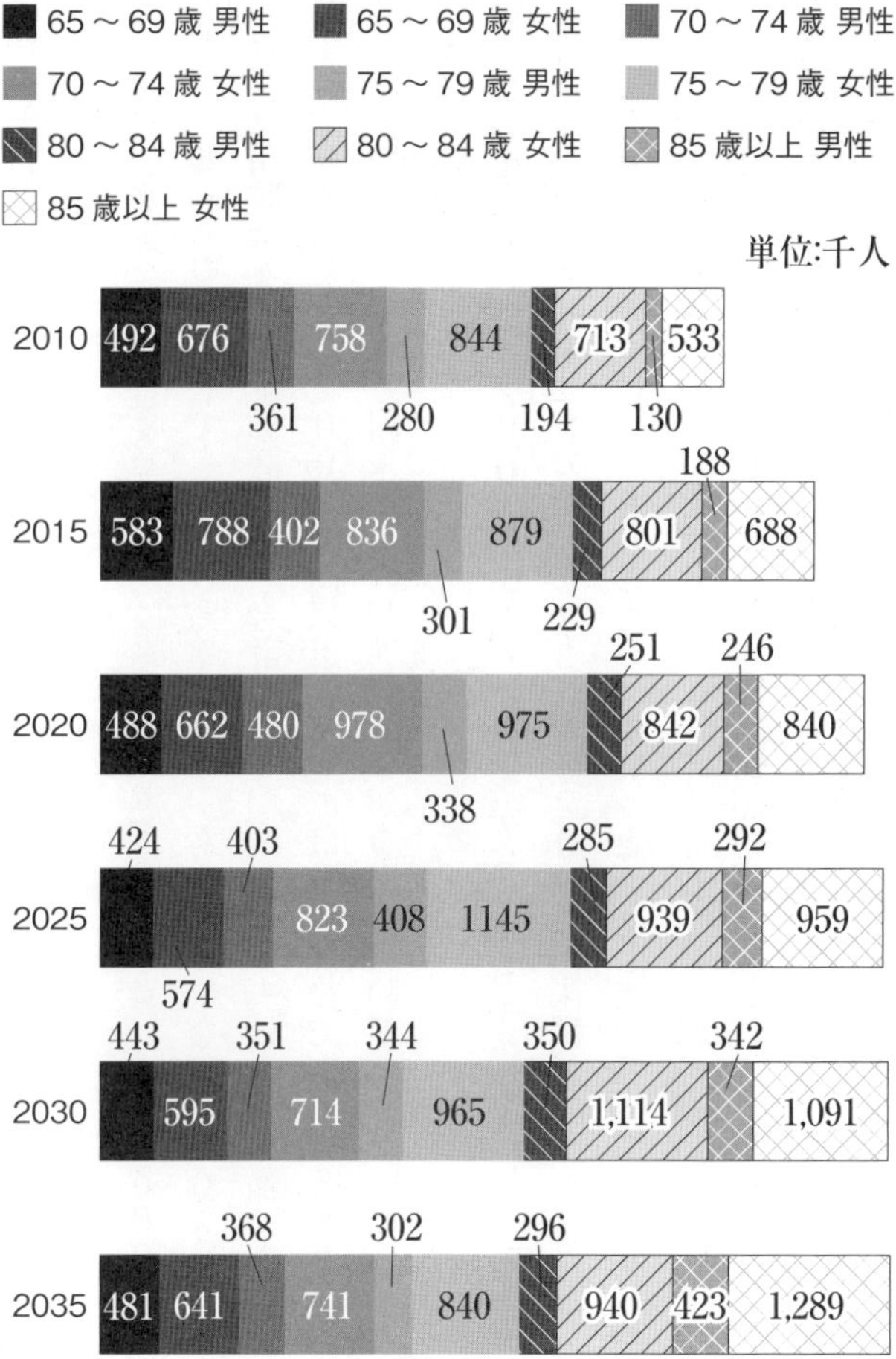

65〜69歳 男性
65〜69歳 女性
70〜74歳 男性
70〜74歳 女性
75〜79歳 男性
75〜79歳 女性
80〜84歳 男性
80〜84歳 女性
85歳以上 男性
85歳以上 女性
単位:千人
2010 492 676 361 758 280 844 194 713 130 533
2015 583 788 402 836 301 879 229 801 188 688
2020 488 662 480 978 338 975 251 842 246 840
2025 424 574 403 823 408 1145 285 939 292 959
2030 443 595 351 714 344 965 350 1,114 342 1,091
2035 481 641 368 741 302 840 296 940 423 1,289

資料：国立社会保障・人口問題研究所

幸せ」が7％台、「幸せ」が6割弱、合計すると7割弱が幸せである。男女差、年齢差はほとんどない（図0-2）。

また、金融資産別に幸福度を見ると、「とても幸せである」という人は5000万円以上で13％だが、残りの資産階層でも5〜8％くらいで、あまり差がない（図0-3）（本書で言う金融資産は預貯金と有価証券評価額の合計であり、既婚者は夫婦合計の額である）。

そして「幸せである」は2000万円以上の階層では67％前後であり、500万円未満の階層で6割を切り、200万円未満では49％であり、金融資産の多い少ないによる幸福度の差はたしかにある。

だが、見方を変えれば、200万円未満しか資産がなくても半数以上（「とても幸せである」を含む）のシニアは幸せなのだ。しかも、資産200万円未満で「幸せではない」人は15％だけであり、31％の人は「どちらともいえない」と回答している。資産と幸福度には相関があるものの、資産が少ないことが決定的に不幸と結びついてはいないのである。

では一体、資産がなくても幸福になるためには何が必要なのか。ここがわかれば、これからの本格的な超高齢社会における老人を少しでも幸せにできるだろう。この点を解明するのが本書の主題である。

幸福度には男女や年齢による差はほとんどない

図0−2　男女別・年齢別・幸福度

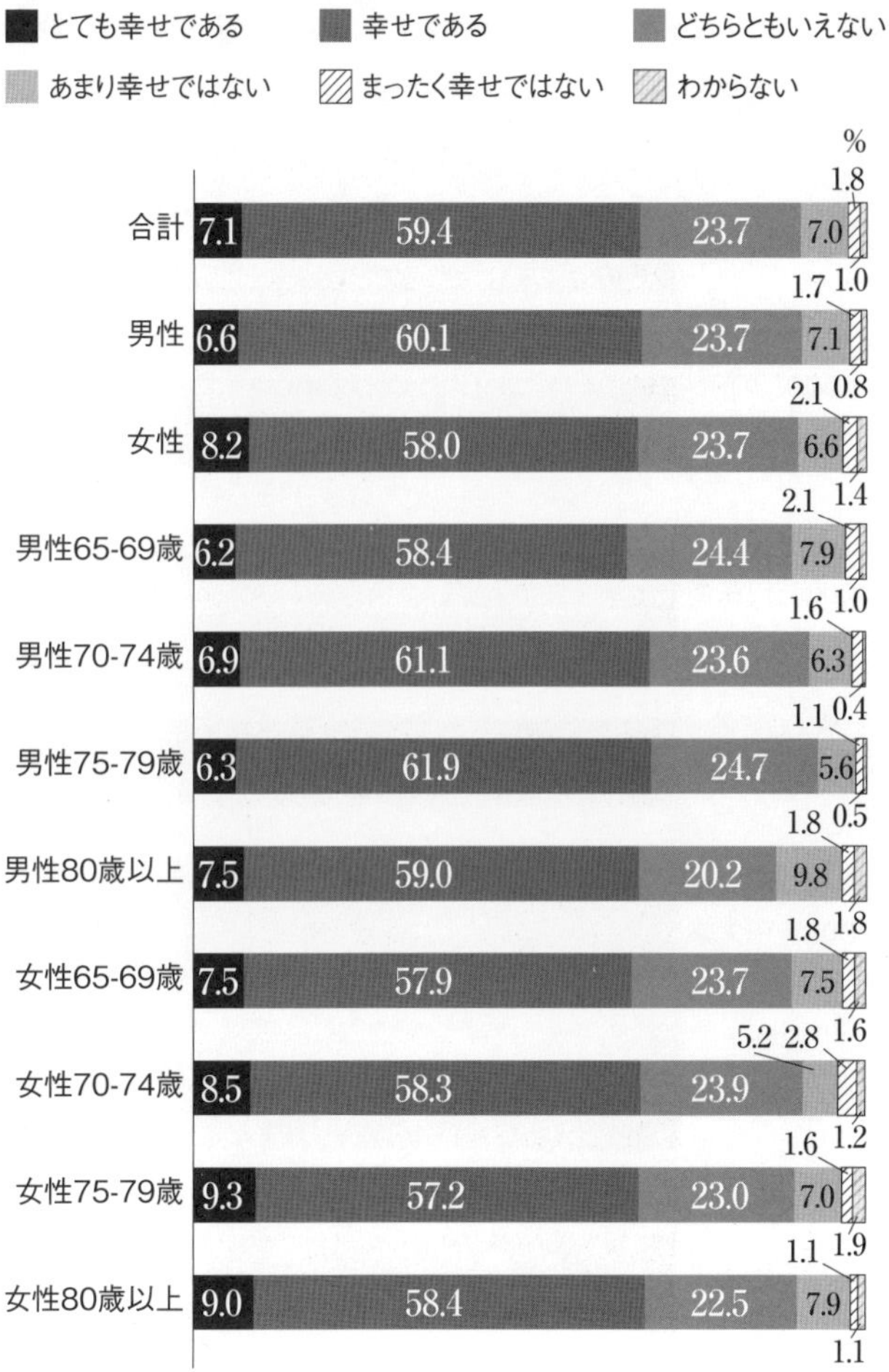

資料：三菱総合研究所「シニア調査」2015

資産が少なくても幸せな人は5割以上いる

図0−3　金融資産別・幸福度

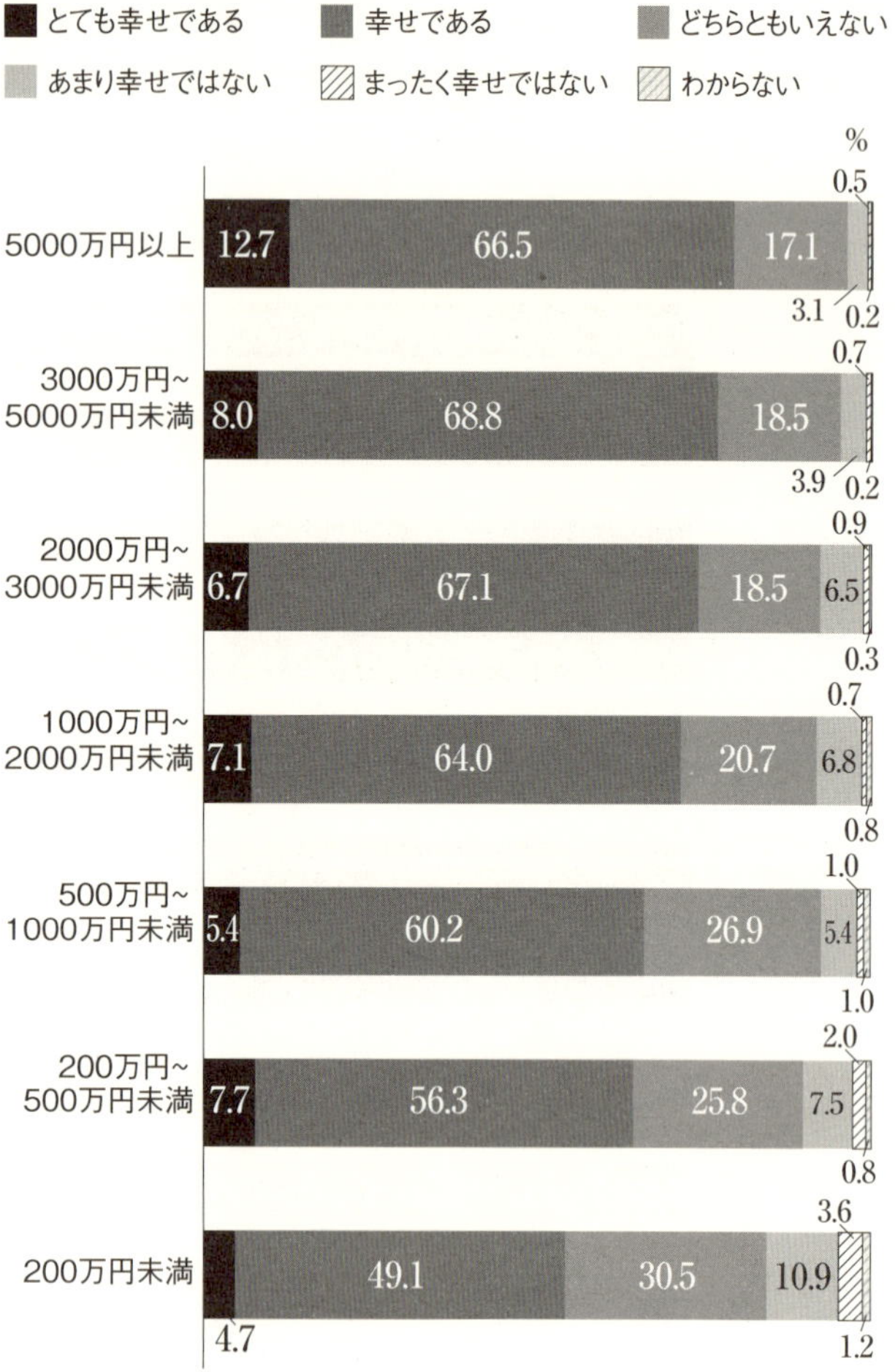

とても幸せである
幸せである
どちらともいえない
あまり幸せではない
まったく幸せではない
わからない
%
5000万円以上
12.7
66.5
17.1
3.1
0.5
0.2
3000万円~5000万円未満
8.0
68.8
18.5
3.9
0.7
0.2
2000万円~3000万円未満
6.7
67.1
18.5
6.5
0.9
0.3
1000万円~2000万円未満
7.1
64.0
20.7
6.8
0.7
0.8
500万円~1000万円未満
5.4
60.2
26.9
5.4
1.0
1.0
200万円~500万円未満
7.7
56.3
25.8
7.5
2.0
0.8
200万円未満
4.7
49.1
30.5
10.9
3.6
1.2

資料：三菱総合研究所「シニア調査」2015

●調査概要

「シニア調査」および「シニア追加調査」のサンプルの男女別・年齢別の人数は以下の通りである。インターネット調査という性質上、女性より男性が多く、75歳以上は少なく60代後半の団塊世代とその上の70代前半が多いので、調査結果を見るときに注意してほしい。特に「シニア追加調査」では60代後半の団塊世代の割合が多いので、結果としては団塊世代の行動と価値観を探る調査となった。

	シニア調査	シニア追加調査
男性65～69歳	1412人	303人
男性70～74歳	1662	44
男性75～79歳	656	16
男性80歳以上	441	7
女性65～69歳	1024	100
女性70～74歳	773	21
女性75～79歳	257	7
女性80歳以上	89	2

1．シニア調査

●調査主体：株式会社三菱総合研究所
●調査地域：全国47都道府県
●調査対象：50歳以上80代までの男女（本書では65歳以上を集計）
●有効サンプル数：６３１４人
●調査方法：ＷＥＢ調査
●調査時期：２０１５年６月

2．シニア追加調査

●調査主体：株式会社カルチャースタディーズ研究所、株式会社三菱総合研究所
●生活者市場予測システム「シニア調査」２０１５年度回答者を対象に追加質問として実施
●調査対象：65歳以上５００サンプルを回収
●調査方法：ＷＥＢ調査
●調査時期：２０１５年11月６日～９日

第1章

上流老人と下流老人

●シニアの年収は平均260万円。あと100万円あればいいなあ

まずシニアの個人の年収を見てみると、男性358万円、女性163万円である（図1-1）（50万円未満は25万円、50万円～100万円未満は75万円というように各年収階層の真ん中の値を平均値だと仮定し、1000万円以上は1250万円と仮定して計算した。回答には「特にない」「わからない」があるが、推計ではそれらを割愛した）。男女平均で約260万円となる。

年収階層別の人口構成比は、男性では200万円～300万円未満が37%で最も多く、次いで300万円～500万円未満が34%、合計で7割強である。

女性は50万円～100万円未満が36%、100万円～200万円未満が30%であり、合計で7割弱である。

また「シニア追加調査」によると、年金は企業年金を含めて15万円～25万円で4割強であるが、10万円以下という人も3割近い（図1-2）。

特に年収100万円未満のシニアは84%が年金10万円以下であり、苦しい生活が窺える。対して、年収300万円～600万円未満のシニアは6割以上が年金20万円以上である。

だから「可能ならあといくら年収を増やしたいか」という質問では、資産の多い少ないに

大半のシニアの年収は２６０万円前後

図1-1　男女別・個人年収別・人口比

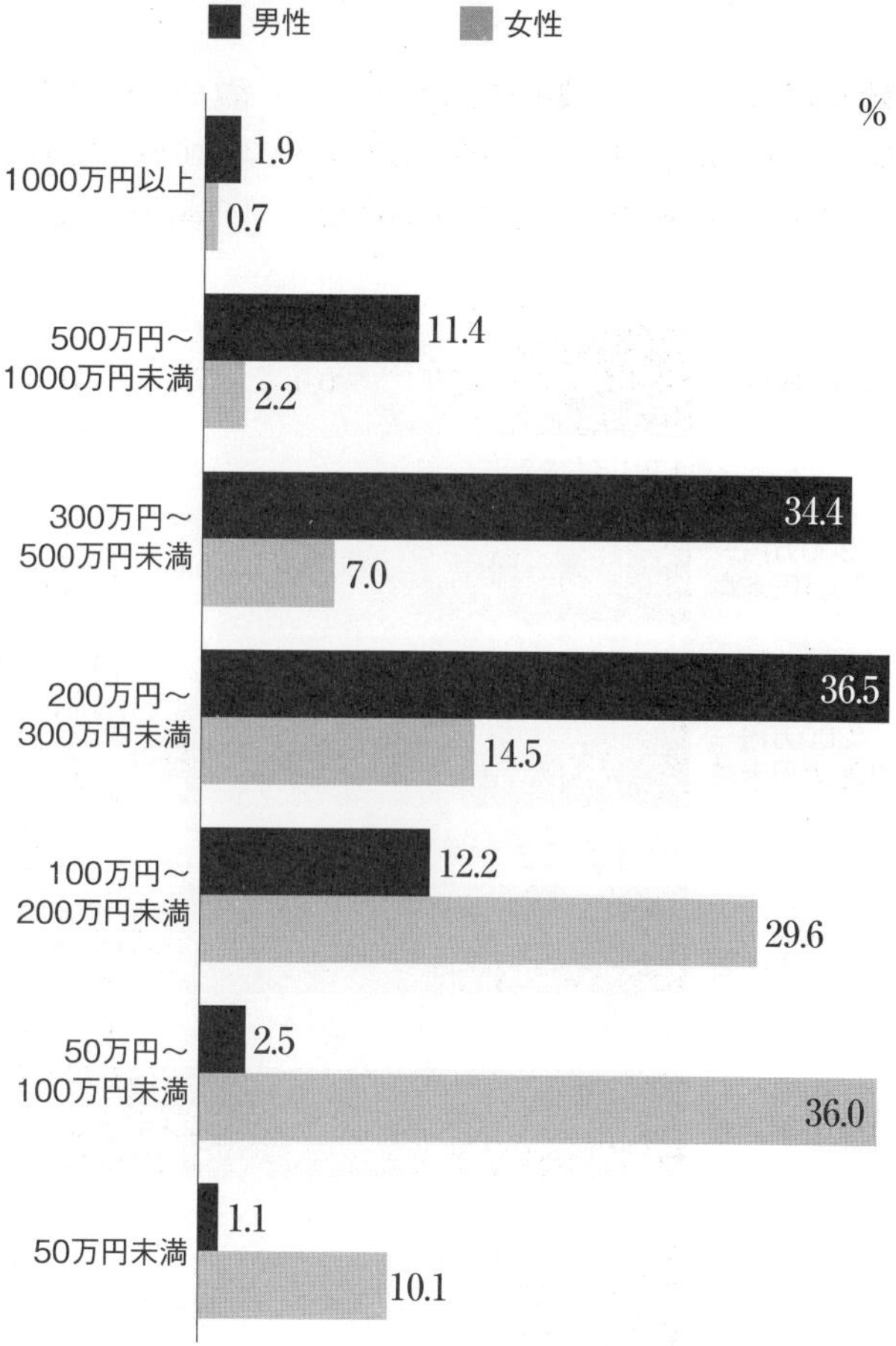

注：年収「不明」を除く
資料：三菱総合研究所「シニア調査」2015

年収100万円未満の老人は年金だけの苦しい生活

図1―2　個人年収別・毎月の年金の受給金額（企業年金含む）

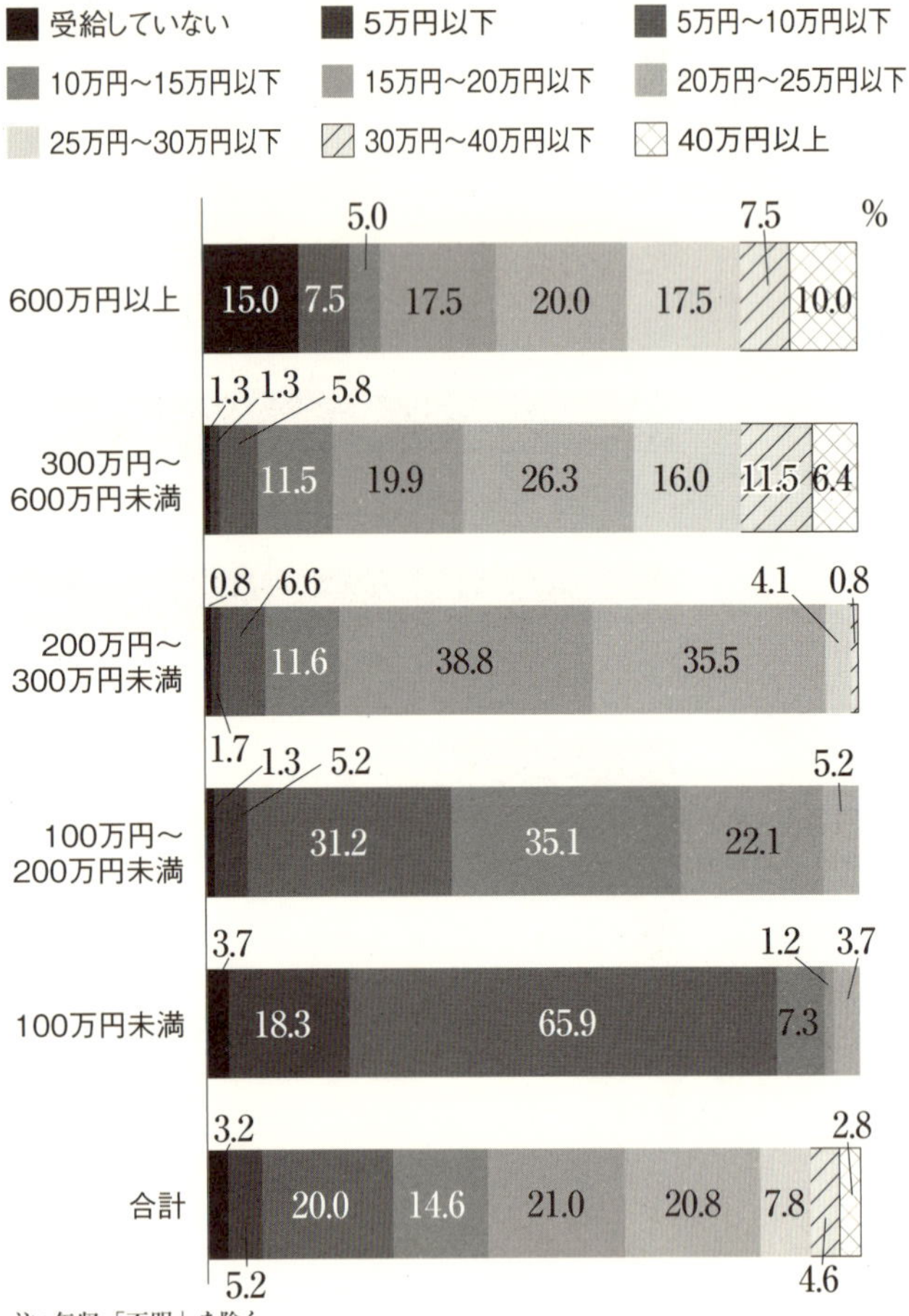

注：年収「不明」を除く
資料：カルチャースタディーズ研究所+三菱総合研究所「シニア追加調査」2015

年収にかかわらず、あと100万円ほしい

図1―3　個人年収別・増やしたい年収の額

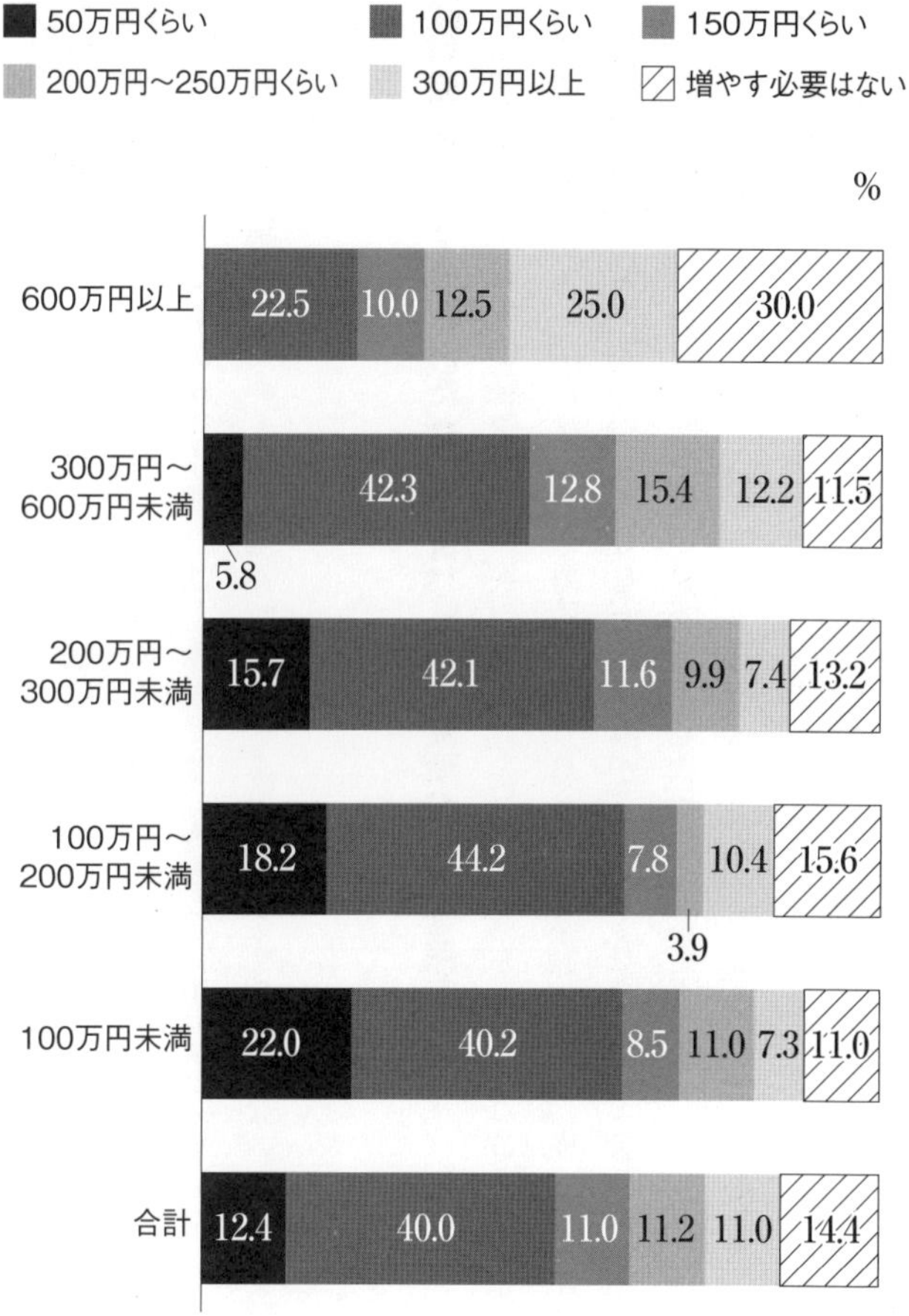

資料：カルチャースタディーズ研究所+三菱総合研究所「シニア追加調査」2015

かかわらず、あと100万円あればいいなあ、という結果が出ている（図1-3）。

増やしたい年収を現在の年収別に見ると、年収にかかわらずあと100万円増やしたい人がほぼ4割である（図1-3）。100万円未満の人ではあと50万円でもいいから欲しいという人が22％いる。対して、年収600万円以上の人では、さすがに50万円増やしたい人はゼロであり、100万円増やしたい人が2割強である。また「増やす必要はない」という人も3割いた。

●平均金融資産は2772万円だが、上位13％が全資産の55％を保有

次に「シニア調査」から、金融資産別の人口構成比を見る。最も多いのは500万円〜1000万円未満であり15％。次が2000万円〜3000万円未満であり14％（図1-4）。

また、50万円未満が4％、50万円〜100万円未満が5％、100万円〜200万円未満が7％であり、このあたりが資産面での「純粋下流老人」だと言えよう。

他方、5000万円〜1億円未満が9％、1億円以上が3％いるが、このあたりが、日々の経済生活に不安のない「純粋上流老人」ということになろう。

ただし、「シニア追加調査」ではサンプル数が500人と少なく、金融資産の階層を細か

金融資産下位約3割の人は資産全体の2%しか持たないが、上位3%の人は資産全体の3割を持つ！

図1−4　金融資産別・人口構成比と資産総額構成比の推計

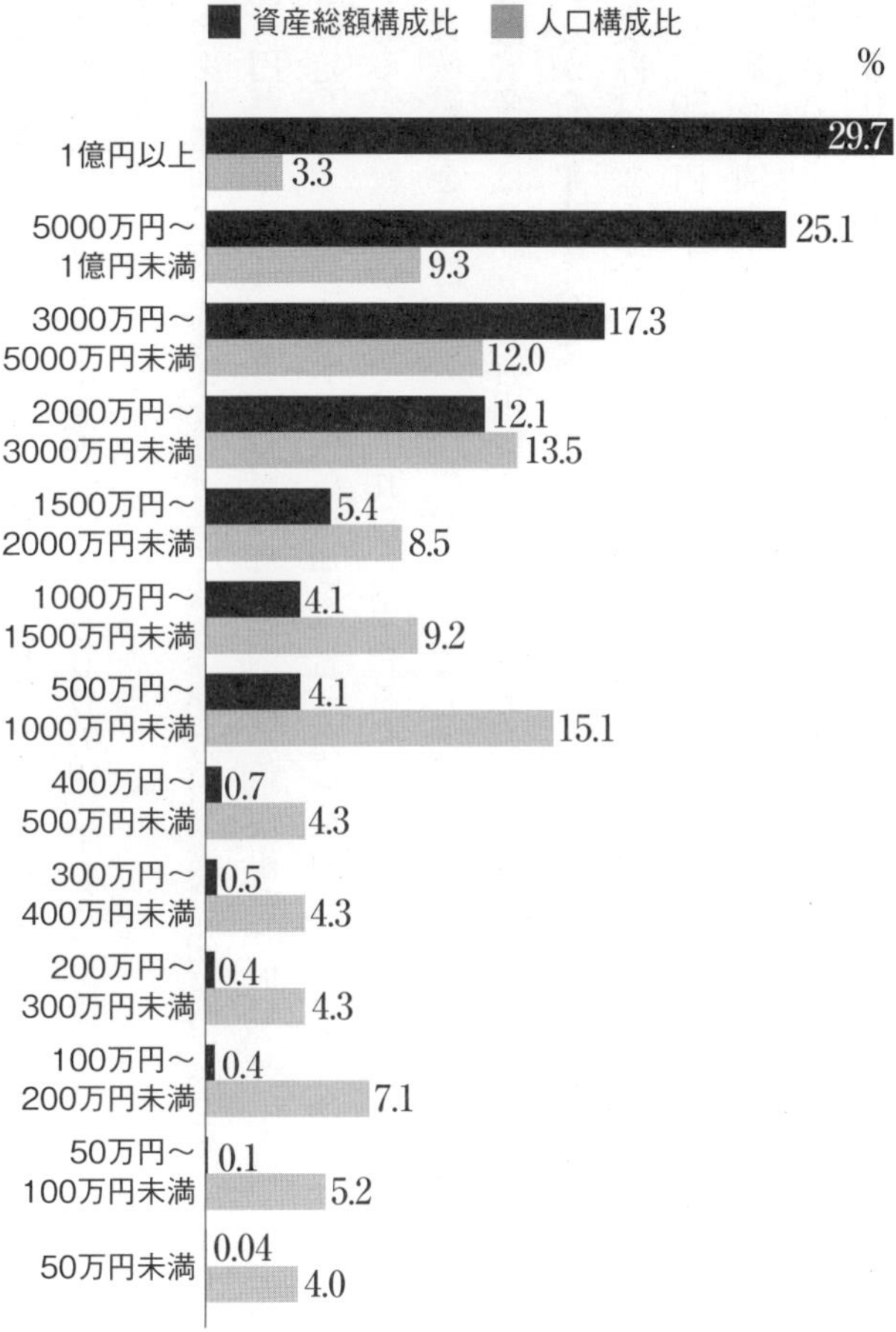

資料：三菱総合研究所「シニア調査」2015から三浦展推計

く分けて集計できないため、今後の分析では資産500万円未満を「下流老人」、500万円以上2000万円未満を「中流老人」、2000万円以上を「上流老人」という3段階に分けて集計する。

次に、金融資産別に資産総額を推計してみる。50万円未満は25万円、50万円〜100万円未満は75万円というように各資産階層の真ん中の値を平均値だと仮定し、1億円以上は2・5億円と仮定して、各資産階層の資産総額を計算する（なお、質問には「特にない」「わからない」があるが、総額の推計ではそれらを割愛した）。

結果、資産総額をサンプル数（資産が「特になし」「わからない」を除く）で割ったシニアの平均金融資産額は2772万円である。老後に安心して暮らせる資産が2500万円と言われているから、平均するとシニアたちはみな安心して老後を迎えられることになる。

だが、実際は格差が大きい。資産50万円未満の人の資産総額に占める割合は0・04％にすぎないし、50万円〜100万円未満も0・1％、100万円〜200万円未満は0・4％だけなのである（図1-4）。資産という面では彼らはほとんど存在しないに等しいのだ！

対して3000万円〜5000万円未満の人々の持つ資産の、総資産額に対する割合は17・3％、5000万円〜1億円未満は25・1％、1億円以上は29・7％を占める。

以上をまとめると、金融資産500万円未満の階層の人々は、人口では29％だが、資産は2・1％しかない。1億円以上の階層の人々は、人口では3％だが、資産では30％を占める。

これが下流老人と上流老人の資産格差の実態である。

●負債のほうが多い「純粋下流老人」は「老後破産」の危険

資産から負債（借金）を引いた差を純資産という。資産が1000万円あっても、住宅ローンなどの負債が500万円残っていれば、純資産は500万円である。そこで「シニア調査」の対象者の金融資産から負債を差し引いた1人あたりの純資産を推計したのが次の図である（図1-5）（なおこの推計では資産や負債が「特になし」という人も含めて、資産、負債ともに0円として推計した）。

たとえば金融資産が50万円未満の人は206人いるが、彼らのうち55人が何らかの負債を持っており、1人あたり平均負債は1025万円である。負債のない人も含めた1人あたり平均負債も274万円である。資産50万円未満の人の1人あたり平均資産は25万円と仮定したので、274-25=249万円となり、1人平均マイナス249万円が純資産になる。

このようにして推計すると、資産が特にない人から2000万円未満の人までは資産よりも負債が多い。その意味でも資産200万円未満の人は「純粋下流老人」だと言える（もちろん200万円未満でも負債のない人もいるので、あくまで平均である）。だが、平均1025万円の負債を持つシニアは、年収の多くを負債の返済に回さなくてはならないだろうし、資産も取り崩さざるを得ないだろう。それでも負債だけが残る危険性がある。これはまさに下流老人の典型、老後破産の典型である。

次に、資産200万円以上400万円未満の人を見ると、ここでも1人あたり純資産は100万円前後しかない。資産400万円～500万円未満になって、ようやく純資産は383万円となり、資産500万円～1000万円未満では純資産が645万円となり、やっと一息つける感じである。

こうして見ると、やはり金融資産500万円未満までは広い意味で「下流老人」であろう。対して、資産2000万円～3000万円未満になると純資産も2418万円となり、老後を安心して暮らせる金額になる。この意味で、やはり資産2000万円以上が広い意味での「上流老人」だと言えるだろう。したがって金融資産500万円以上2000万円未満が「中流老人」ということになる（26ページ参照）。

なお、参考までに、金融資産別の3段階の階層意識を見ておくと、金融資産が増えるほど

資産200万円未満の人は純資産はマイナス

図1―5　金融資産別・1人あたり純資産額推計　（単位：万円）

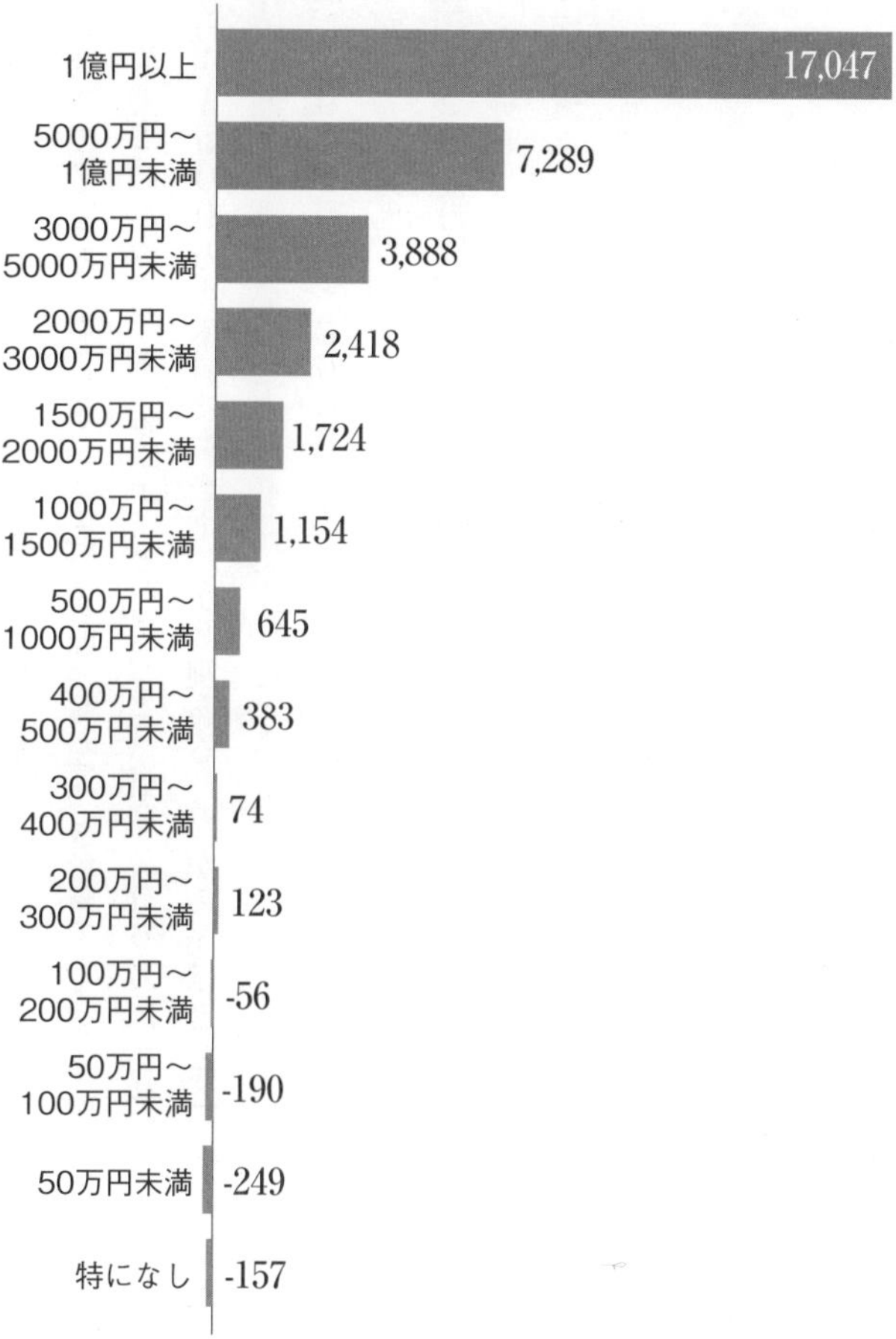
1億円以上
17,047
5000万円～
1億円未満
7,289
3000万円～
5000万円未満
3,888
2000万円～
3000万円未満
2,418
1500万円～
2000万円未満
1,724
1000万円～
1500万円未満
1,154
500万円～
1000万円未満
645
400万円～
500万円未満
383
300万円～
400万円未満
74
200万円～
300万円未満
123
100万円～
200万円未満
-56
50万円～
100万円未満
-190
50万円未満
-249
特になし
-157

資料：三菱総合研究所「シニア調査」2015から三浦展推計

に階層意識「上」が増え「下」が減る傾向が明らかである（図1－6）（「あなたのご家庭の生活の程度は、世間一般からみてどうですか」という質問に対して、5段階で「上」「中の上」と答えた人を「上」、「中の中」を「中」、「中の下」「下」を「下」としている）。資産200万円未満では「下」が7割強、200万円～500万円未満でも「下」が6割ある。だから先ほども述べたように、資産500万円未満が「下流老人」と定義してよいだろう。

また、1000万円～2000万円未満の人の階層意識がいちばん全体平均に近く、上：中：下が12％：41％：45％である。だから資産2000万円以上が「上流老人」であり、5000万円～2000万円未満が「中流老人」であると言ってよい。

資産と階層意識はきれいに比例する

図1−6　金融資産別・階層意識

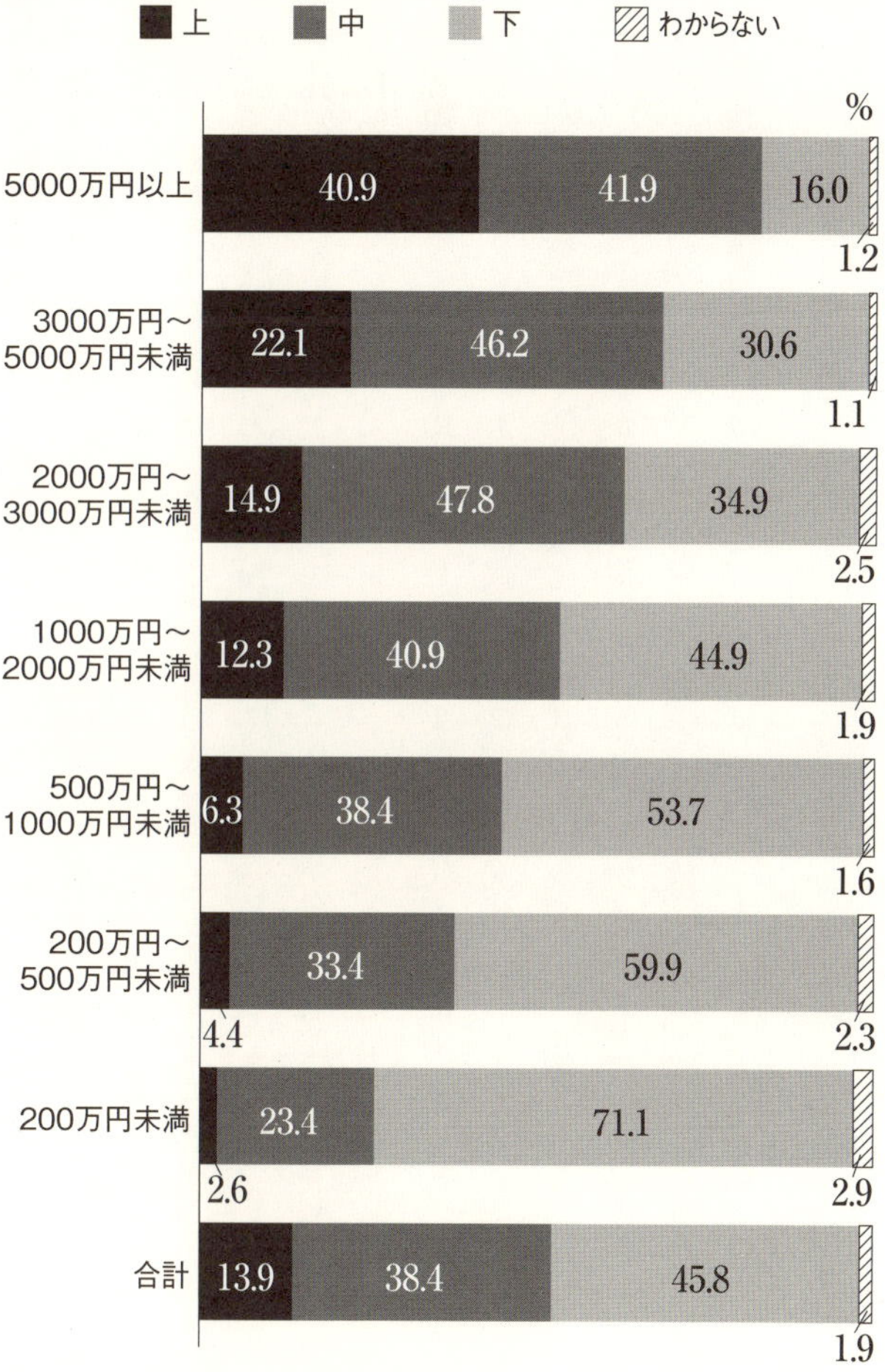

資料：三菱総合研究所「シニア調査」2015

●60代で資産格差は固定し、逆転は難しい

「シニア調査」と同じ三菱総合研究所の20〜60代を対象にした「生活者市場予測システム」を基にして、年齢別の金融資産別人口比と金融資産総額構成比を見てみよう。

当然ながら、金融資産は年齢の上昇と共に増える。資産が500万円未満の割合は20代では88％だが、30代では69％、50代では49％、70代では28％というように減っていく。逆に、資産5000万円以上は、20代では0・2％だが、50代では7％、60代以上では12〜14％に増える（図1-7）。

金融資産別・資産総額構成比も、500万円未満は20代では38％だが、40代以上では1割を切る。逆に5000万円以上は、20代では14％だが、30代では24％、40代では38％、50代以上では5割を超え、60代で58％となるが、80代でも58％である（図1-8）。

このように、当然のことながら、資産形成は年齢に比例する。しかし、基本的には退職金を得て以降、70代、80代になってから資産が増えることは、多額の不動産収入や有価証券などを持つ一部の富裕層以外にはないと言える。言い換えると、60代で資産格差はだいたい固定するのである。

年をとるほど金融資産は増えるが、年をとってから資産を増やすことは難しい

図1−7　年齢別・金融資産別・人口構成比

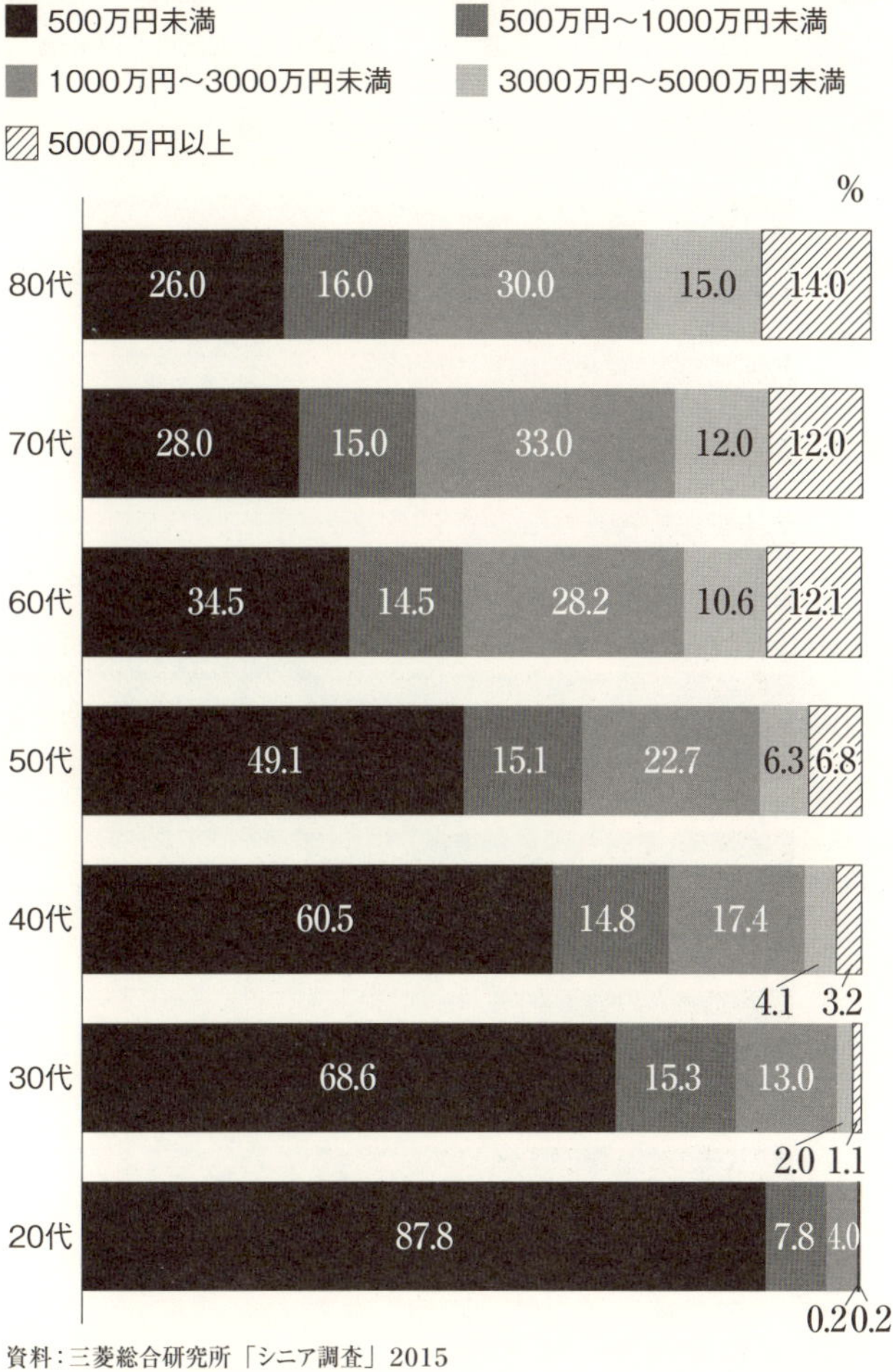

資料：三菱総合研究所「シニア調査」2015

６０代で資産格差はだいたい固定する

図1−8　年齢別・金融資産別・資産総額構成比

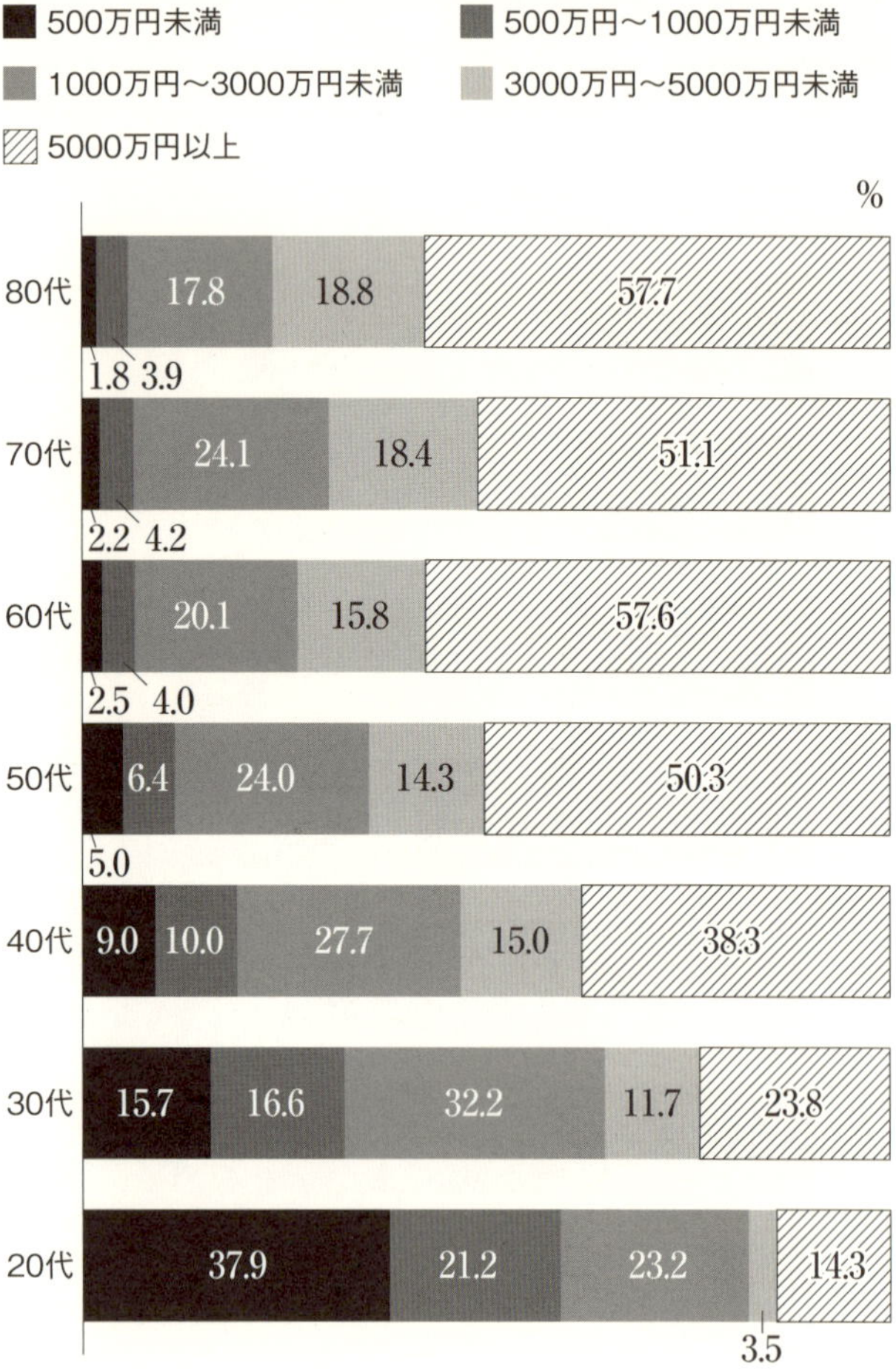
500万円未満
500万円〜1000万円未満
1000万円〜3000万円未満
3000万円〜5000万円未満
5000万円以上
%
80代
17.8
18.8
57.7
1.8
3.9
70代
24.1
18.4
51.1
2.2
4.2
60代
20.1
15.8
57.6
2.5
4.0
50代
6.4
24.0
14.3
50.3
5.0
40代
9.0
10.0
27.7
15.0
38.3
30代
15.7
16.6
32.2
11.7
23.8
20代
37.9
21.2
23.2
14.3
3.5

資料：三菱総合研究所「シニア調査」2015

●公務員のほうがうまくいったシニアの資産形成

公務員が正社員よりも資産階層が高い、あるいは階層意識が高い、要するに上流になりやすいという傾向については、拙著『格差固定』でも指摘した。こうした公務員優位の傾向はシニアでも明らかだった。

シニアのこれまでの主な職業別に金融資産を集計してみると、5000万円以上が最も多いのは会社役員・団体役員であり、22%。次は会社代表者・団体代表者であり、18%。その次が公務員であり、17%。対して会社員（正社員）・団体職員は11%である（図1-9）。正社員で勤めてきた人よりも公務員のほうが資産形成ができたのだ。役員以上になるか大企業で部長以上にならないと公務員より資産形成するのは難しいと言えそうだ。

また、資産総額を推計したときと同じ手法で、シニアのこれまでの職業別に金融資産を推計すると、

自営業主	1705万円
会社代表者・団体代表者	3369万円
会社役員・団体役員	4073万円
会社員（正社員）・団体職員	2704万円

公務員　　　　　　　　　　　　　　　３２７７万円
嘱託社員・契約社員　　　　　　　　　１９５１万円
パート・アルバイト　　　　　　　　　１５３２万円

となり、やはり公務員の資産が会社役員、会社代表に次いで多いことがわかる。

しかも公務員は年金も安定している。年金だけで老後の生活が営めるので、退職金を得た時点での資産をその後もあまり取り崩さずに済む。年金支給額が減らされる、支給年齢も上がるという時代の中で、公務員になったほうが上流化しやすいというのは、日本社会全体の活力、勤労意欲を維持する上では大きな問題であると私は考える。

一方で、高齢社会と成熟消費社会の進展と共に、国民のニーズが、物を買うことから生活の安定に向かっているために、民間企業が作り出す商品の魅力が低下し、行政が提供するサービスへの期待が高まっている。そのため今後は、行政のほうが国民のニーズに応える商品開発が必要な「業種」になっていく。だから、行政のほうが民間企業よりもやりがいのある仕事が増えていき、優秀で、創造的な人ほど行政で働くようになっていく、とも考えられる。

そうした人材が本当に国民にとって有益なサービスを提供するようになるなら、公務員の年収、資産にも納得がいくようになるだろう。

公務員のほうが正社員より資産形成している

図1−9　これまでの主な職業別・金融資産

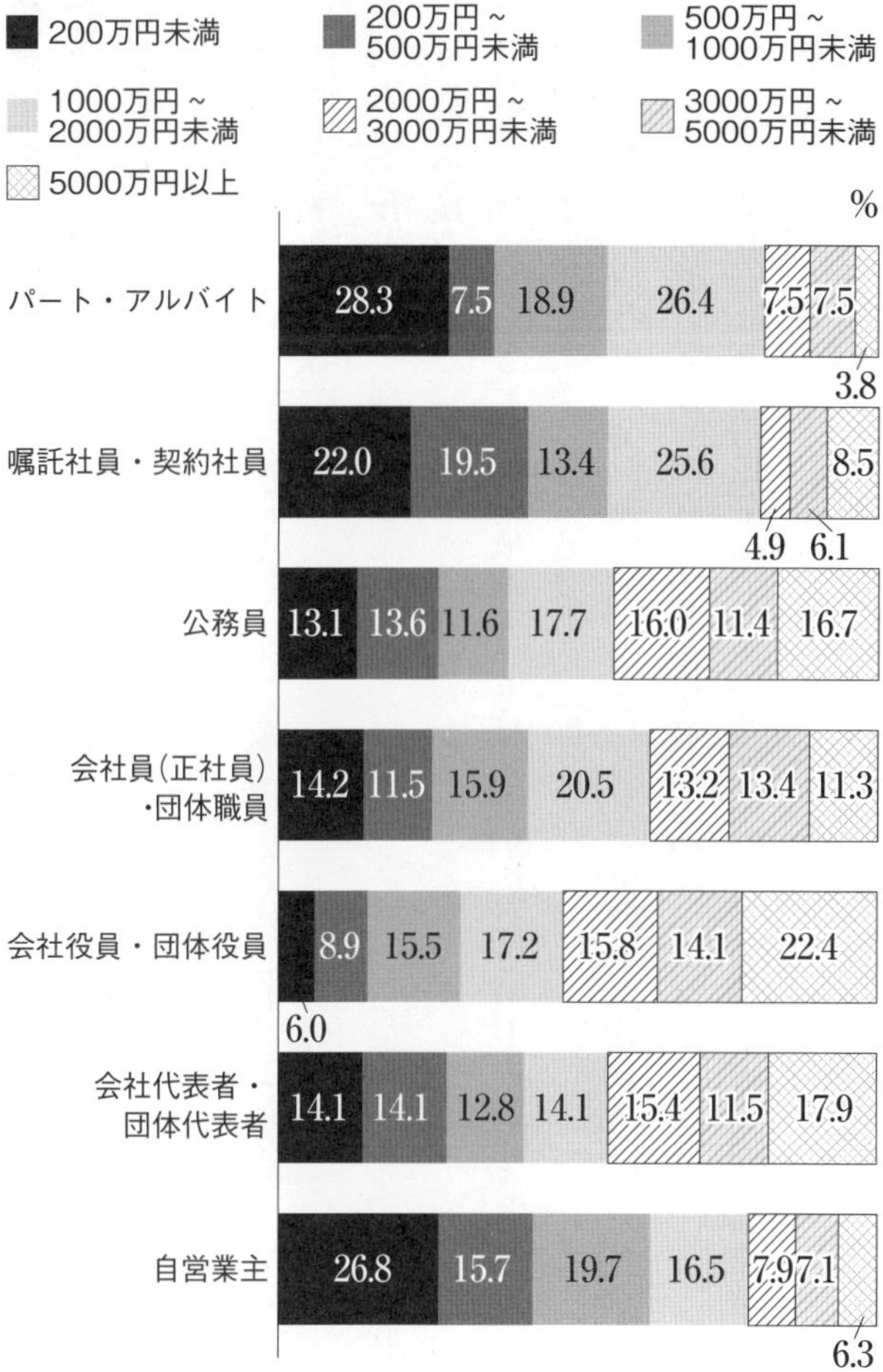

資料：三菱総合研究所「シニア調査」2015

●預貯金が「特にない」人の93％は有価証券を持っていない

預貯金は誰でも少しは持っているけれども、有価証券はそうではない。資産格差は有価証券評価額で拡大するはずである。

そこでまず預貯金別に有価証券評価額の金額を見てみると、預貯金が「特にない」人の93％は有価証券を持っていない（図1-10）。預貯金が増えるほど有価証券を持っていない人は減り、有価証券評価額が増える。

上流老人は、預貯金の一部を有価証券の購入に回し、そこから得た利益を再び預貯金に回すという形で資産を増やしたであろうことがわかる。

次に預貯金だけを見ると、人口構成比でいちばん多いのは５００万円～１０００万円未満であり、全体の平均預貯金額は１３６３万円（図1-11）。

また預貯金別に人口と預貯金総額の構成比を見ると、預貯金が５００万円未満の人は人口では31％いるが、預貯金総額では５％弱しか保有していない（図1-11）。対して、預貯金５０００万円以上は人口では５％弱だが、預貯金総額の37％を持っている。だが有価証券評価額と比べると格差は小さい。

預貯金が多い人ほど有価証券も多い

図1−10　預貯金別・有価証券評価額

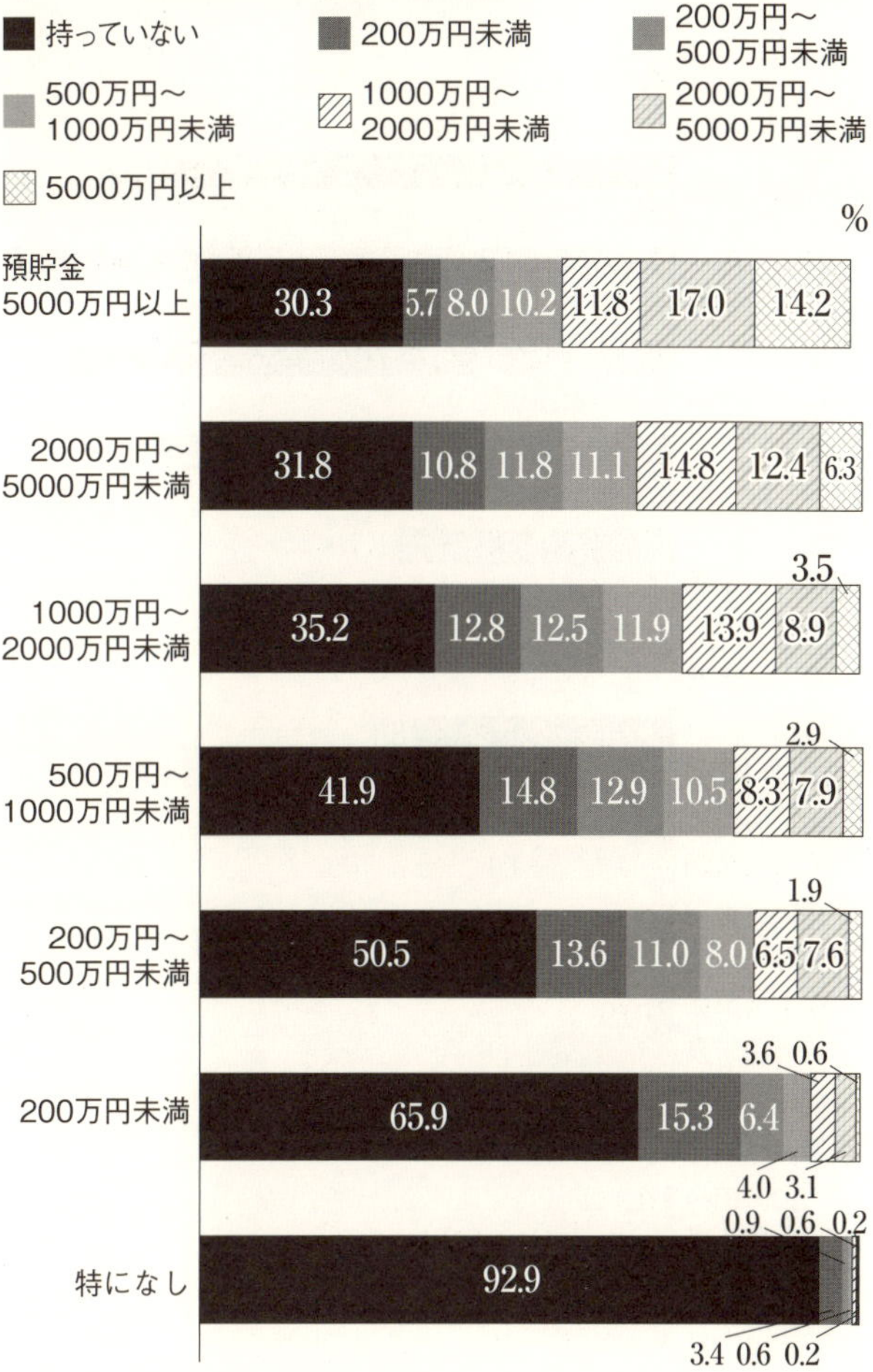

持っていない
200万円未満
200万円〜500万円未満
500万円〜1000万円未満
1000万円〜2000万円未満
2000万円〜5000万円未満
5000万円以上
%
預貯金 5000万円以上
30.3 5.7 8.0 10.2 11.8 17.0 14.2
2000万円〜5000万円未満
31.8 10.8 11.8 11.1 14.8 12.4 6.3
1000万円〜2000万円未満
35.2 12.8 12.5 11.9 13.9 8.9 3.5
500万円〜1000万円未満
41.9 14.8 12.9 10.5 8.3 7.9 2.9
200万円〜500万円未満
50.5 13.6 11.0 8.0 6.5 7.6 1.9
200万円未満
65.9 15.3 6.4 4.0 3.6 3.1 0.6
特になし
92.9 3.4 0.9 0.6 0.6 0.2 0.2

資料：三菱総合研究所「シニア調査」2015

預貯金だけだと資産格差は少ない

図1－11　預貯金別・人口構成比と預貯金総額構成比

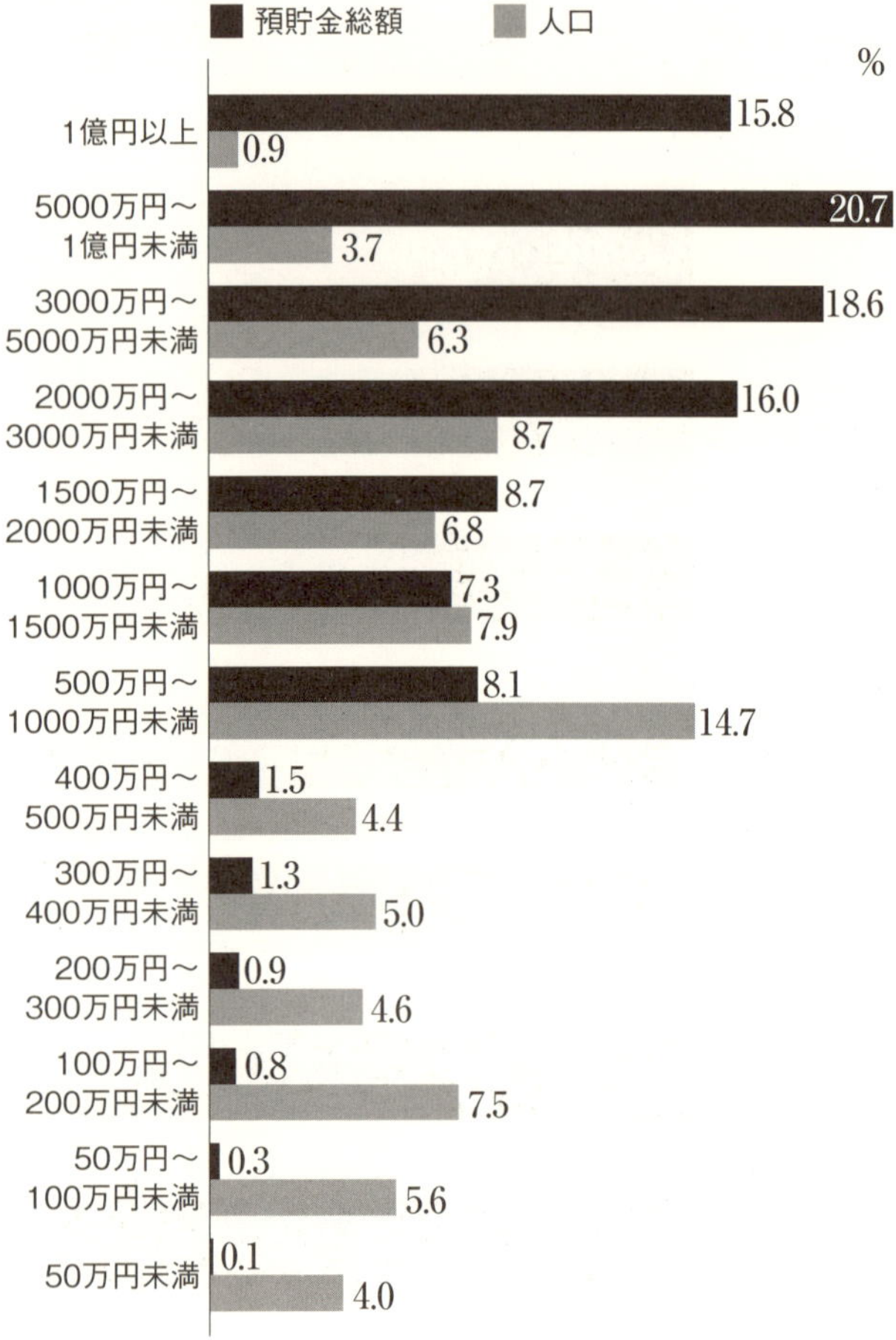
預貯金総額
人口
%
1億円以上
15.8
0.9
5000万円～
1億円未満
20.7
3.7
3000万円～
5000万円未満
18.6
6.3
2000万円～
3000万円未満
16.0
8.7
1500万円～
2000万円未満
8.7
6.8
1000万円～
1500万円未満
7.3
7.9
500万円～
1000万円未満
8.1
14.7
400万円～
500万円未満
1.5
4.4
300万円～
400万円未満
1.3
5.0
200万円～
300万円未満
0.9
4.6
100万円～
200万円未満
0.8
7.5
50万円～
100万円未満
0.3
5.6
50万円未満
0.1
4.0

資料：三菱総合研究所「シニア調査」2015から三浦展推計

上位6%が61%の有価証券資産を持っている

図1−12　有価証券評価額別・人口構成比と
有価証券評価額総額構成比

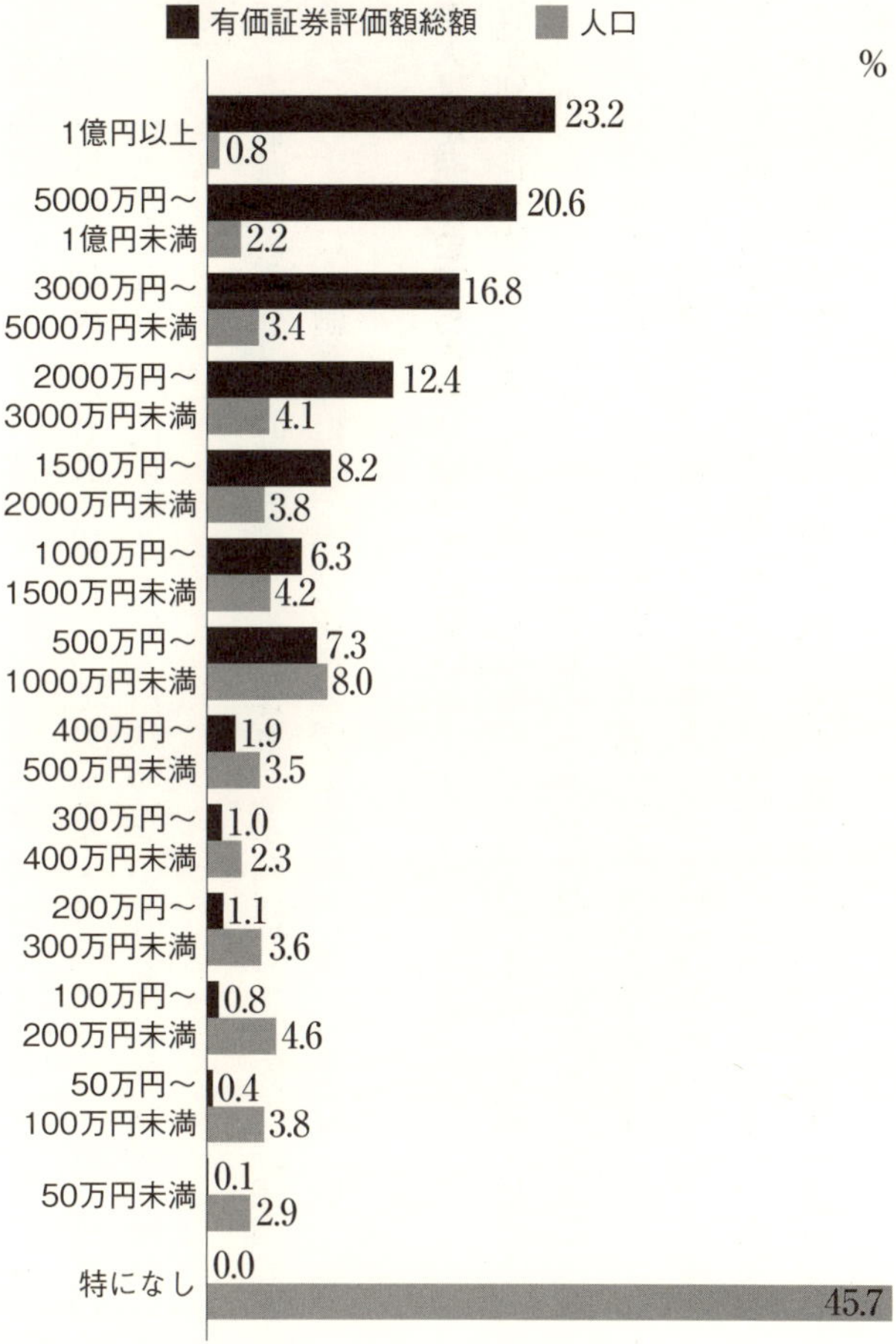
有価証券評価額総額
人口
%
1億円以上
23.2
0.8
5000万円〜
1億円未満
20.6
2.2
3000万円〜
5000万円未満
16.8
3.4
2000万円〜
3000万円未満
12.4
4.1
1500万円〜
2000万円未満
8.2
3.8
1000万円〜
1500万円未満
6.3
4.2
500万円〜
1000万円未満
7.3
8.0
400万円〜
500万円未満
1.9
3.5
300万円〜
400万円未満
1.0
2.3
200万円〜
300万円未満
1.1
3.6
100万円〜
200万円未満
0.8
4.6
50万円〜
100万円未満
0.4
3.8
50万円未満
0.1
2.9
特になし
0.0
45.7

資料：三菱総合研究所「シニア調査」2015から三浦展推計

有価証券評価額でいちばん人口構成比が多いのは500万円〜1000万円未満であり、持っている人だけの平均は1508万円。持っていない人を含めると819万円（図1-12）。持っていない人から500万円未満までの人口は66％で、有価証券評価額の割合は5％だけである。

対して、有価証券評価額3000万円以上を保有する人口は6％だが、評価額の割合は61％である。このように有価証券によって資産格差が拡大しているのである（図1-12）。

●下流老人は定期預金すらあまり持っていない

金融資産別に保有する金融商品の種類を見ると、200万円未満の階層ではそもそも定期預金すら29％しかなく、200万円〜500万円未満の階層でも55％だけである（図1-13）。ゆうちょ銀行の定期貯金についても500万円未満の階層は保有する人が少ない。ましてや、外貨預金、投資信託、国債・地方債などは下流老人たちにはほぼ無縁のものである。

富裕層は何を買うのかと私もよく聞かれるが、富裕層が買うのはお金なのである。富裕層だからといって、毎日高級フランス料理を食べるわけではないし、健康を考えれば日々の食事は質素である。

上流老人は多様な資産形成をしている

図1−13　金融資産別・保有金融商品の種類

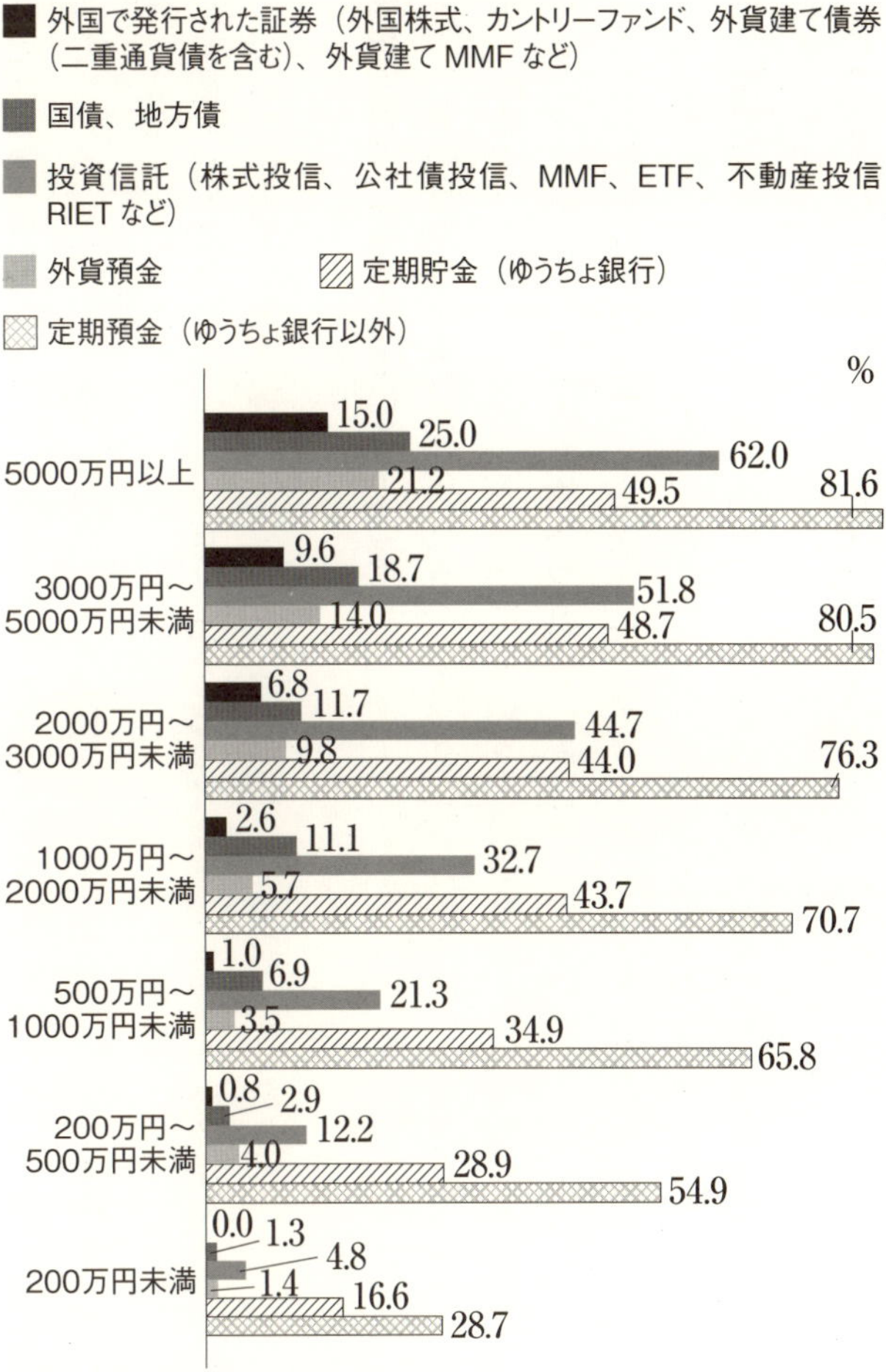
外国で発行された証券（外国株式、カントリーファンド、外貨建て債券（二重通貨債を含む）、外貨建てMMF など）
国債、地方債
投資信託（株式投信、公社債投信、MMF、ETF、不動産投信RIET など）
外貨預金
定期貯金（ゆうちょ銀行）
定期預金（ゆうちょ銀行以外）
%
5000万円以上
15.0
25.0
62.0
21.2
49.5
81.6
3000万円〜
5000万円未満
9.6
18.7
51.8
14.0
48.7
80.5
2000万円〜
3000万円未満
6.8
11.7
44.7
9.8
44.0
76.3
1000万円〜
2000万円未満
2.6
11.1
32.7
5.7
43.7
70.7
500万円〜
1000万円未満
1.0
6.9
21.3
3.5
34.9
65.8
200万円〜
500万円未満
0.8
2.9
12.2
4.0
28.9
54.9
200万円未満
0.0
1.3
4.8
1.4
16.6
28.7

資料：三菱総合研究所「シニア調査」2015

たとえば私の仕事場の近所には大地主さんが住んでいるが、毎晩ラーメン屋や立ち飲み屋に出没している（ただし下流老人だとラーメン屋に行けずにカップヌードルを食べているかもしれないが）。

特に高齢となれば買う物もない。買うとすれば、貴金属も含めた金融商品である。富裕層にとってお金は消費の手段ではなく、さらにお金を増やす手段なのである。

●「老後の備え」が不足している下流老人

また、貯蓄の目的を金融資産別に見ると、資産2００万円未満の下流老人では他の項目と比べて「急なときの備え（入院、失業等）」という人が多く、39％いる（図1-14）。対して、旅行やレジャーのため、子供や家族への遺産という目的は少ない。

さらに資産2００万円未満の下流老人は、「老後の備え」が49％しかないが、5０００万円以上の上流老人では86％もあり、差が大きい。下流老人は入ってきた収入は支出として出ていくだけであり、しかも負債の返済に追われているのであるから、老後に備える余裕がないのだ。

対して、上流老人はすでに資産がありながらも、さらなる資産形成をして老後に万全に備

上流老人はお金でお金を増やし、資産を子供に継承する

図1−14　貯蓄の目的

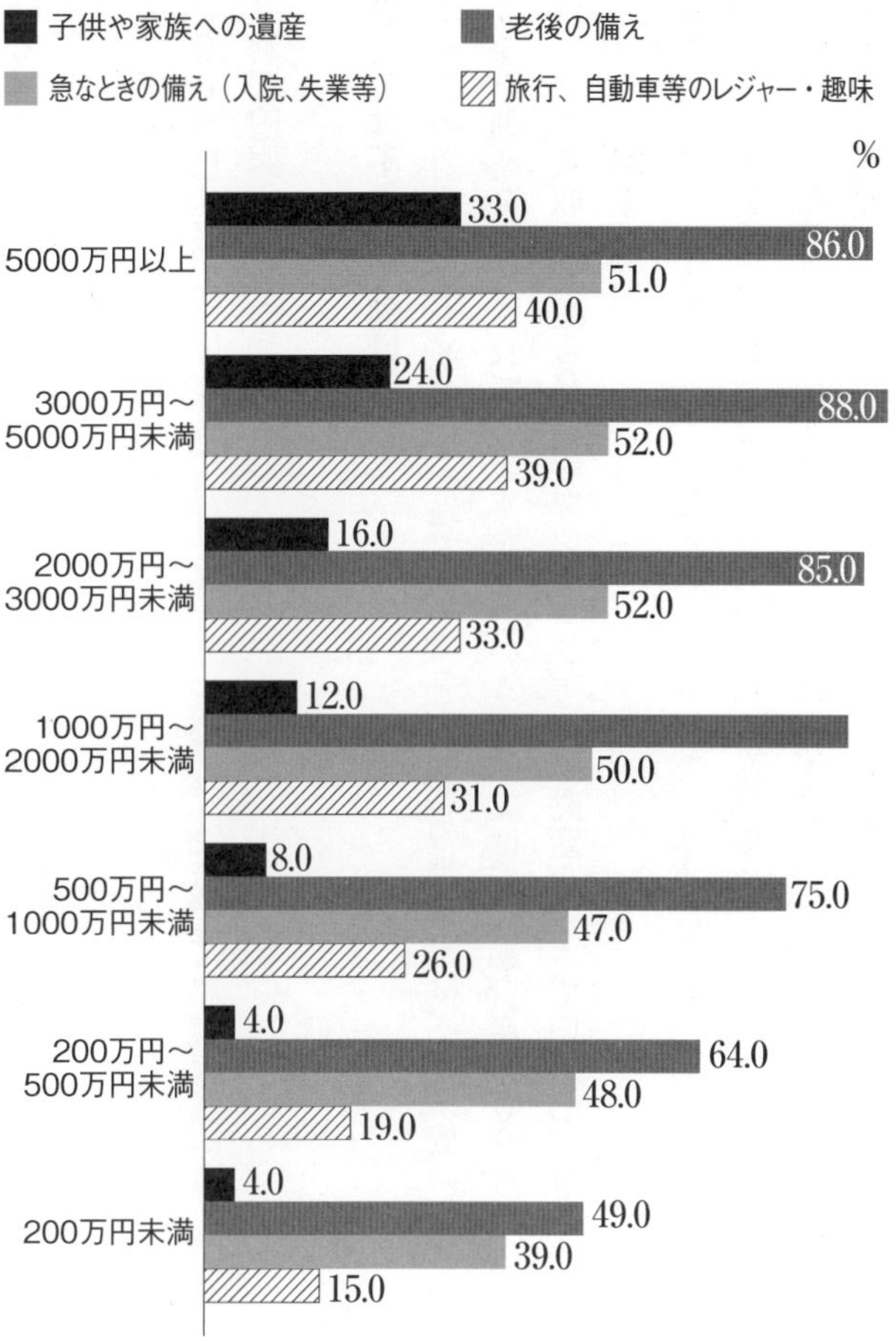
子供や家族への遺産
老後の備え
急なときの備え（入院、失業等）
旅行、自動車等のレジャー・趣味
%
5000万円以上
33.0
86.0
51.0
40.0
3000万円〜
5000万円未満
24.0
88.0
52.0
39.0
2000万円〜
3000万円未満
16.0
85.0
52.0
33.0
1000万円〜
2000万円未満
12.0
50.0
31.0
500万円〜
1000万円未満
8.0
75.0
47.0
26.0
200万円〜
500万円未満
4.0
64.0
48.0
19.0
200万円未満
4.0
49.0
39.0
15.0

資料：三菱総合研究所「シニア調査」2015

えている。その上でレジャーや「子供や家族への遺産」を残すことを貯蓄の目的だという人も多い。

また、5000万円以上の上流老人では33％が「子供や家族への遺産」が目的である。だが、2000万円未満の下流老人では4％しかいない。こうして格差は拡大し、世代を超えて継承されて固定化するのである。

●上流老人は不動産で儲ける

上流老人の資産形成の源泉は土地である。「あなたの世帯では、ご家族の住居用以外にどのような不動産を所有されていますか」という質問では、金融資産5000万円以上のシニアは18％が家賃収入、投資目的のマンション等の不動産を持っているし、9％が駐車場を経営している（図1-15）。

農地を持っている人も8％であるところから見て、本来は農家であり、それを切り売りしたり、アパートを建てて家賃を得たりしながら資産形成をしてきた人もいるものと思われる。

他方、金融資産500万円未満のシニアでは、家賃収入・投資目的のマンション等、駐車場ともに3％程度である。

資産形成の源泉は土地

図1−15　金融資産別・不動産保有状況

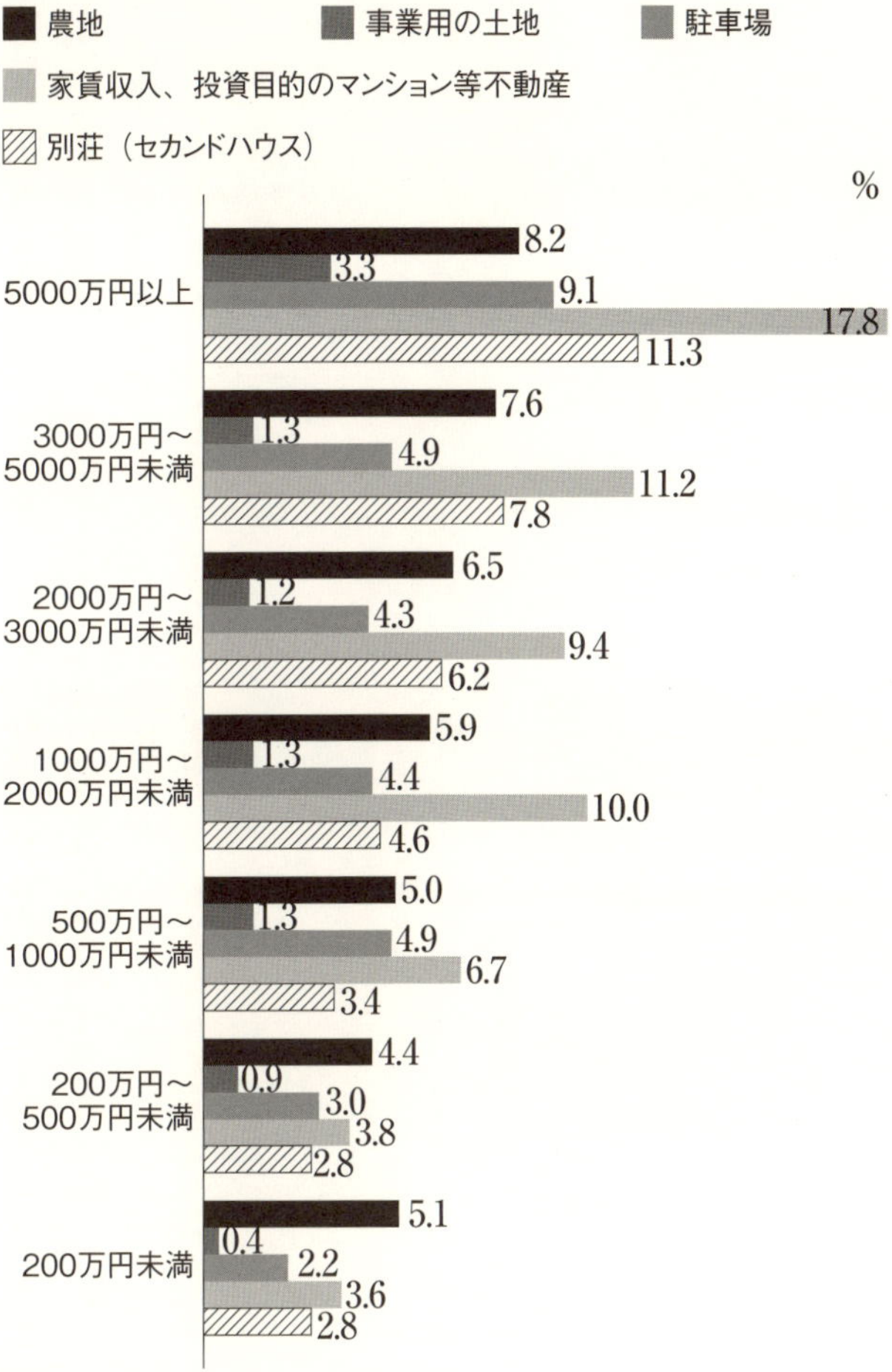

農地
事業用の土地
駐車場
家賃収入、投資目的のマンション等不動産
別荘（セカンドハウス）
%
5000万円以上
8.2
3.3
9.1
17.8
11.3
3000万円〜5000万円未満
7.6
1.3
4.9
11.2
7.8
2000万円〜3000万円未満
6.5
1.2
4.3
9.4
6.2
1000万円〜2000万円未満
5.9
1.3
4.4
10.0
4.6
500万円〜1000万円未満
5.0
1.3
4.9
6.7
3.4
200万円〜500万円未満
4.4
0.9
3.0
3.8
2.8
200万円未満
5.1
0.4
2.2
3.6
2.8

資料：三菱総合研究所「シニア調査」2015

最近は普通のＯＬがアパート経営をしたり、駐車場経営をしたりすることが増えているそうである。現在まだ若くて、結婚する予定もない女性は、下流老人にならないために、こうした経済感覚が必須であろう（あ、もちろん男性も）。

第2章

上流老人はさびしく、下流老人は買いたいものが買えない

●いくらお金があっても最後は死ぬ。それだけは平等

第2章では、シニアの意識と行動、特に不安や悩みについて見ていく。

まず「あなたは、将来の生活に不安を感じていますか」という質問では、やはり資産の少ないシニアほど不安を感じているという人が多い（図2-1）。

対して、3000万円以上の資産を持つシニアでは、不安を感じていない人が感じている人よりも多くなっている。

しかし、これらのなかで具体的にどんな不安を感じているかを見ると、シニア全体では「病気になる」「行きたいところに移動できなくなる」「生活資金の不足」「地震・水害・火事等災害時の対応」「配偶者の介護」「配偶者との死別」の順に多い（図2-2）。

しかし金融資産による格差があるのは「生活資金の不足」だけである。病気も災害も介護も死別も差はないのだ。「生老病死」の不安に格差はないと言える。いくらお金があっても、最後は死ぬ。それだけは平等だ。

資産が少ない人ほど将来は不安

図2−1　金融資産別・将来の生活への不安を感じているか

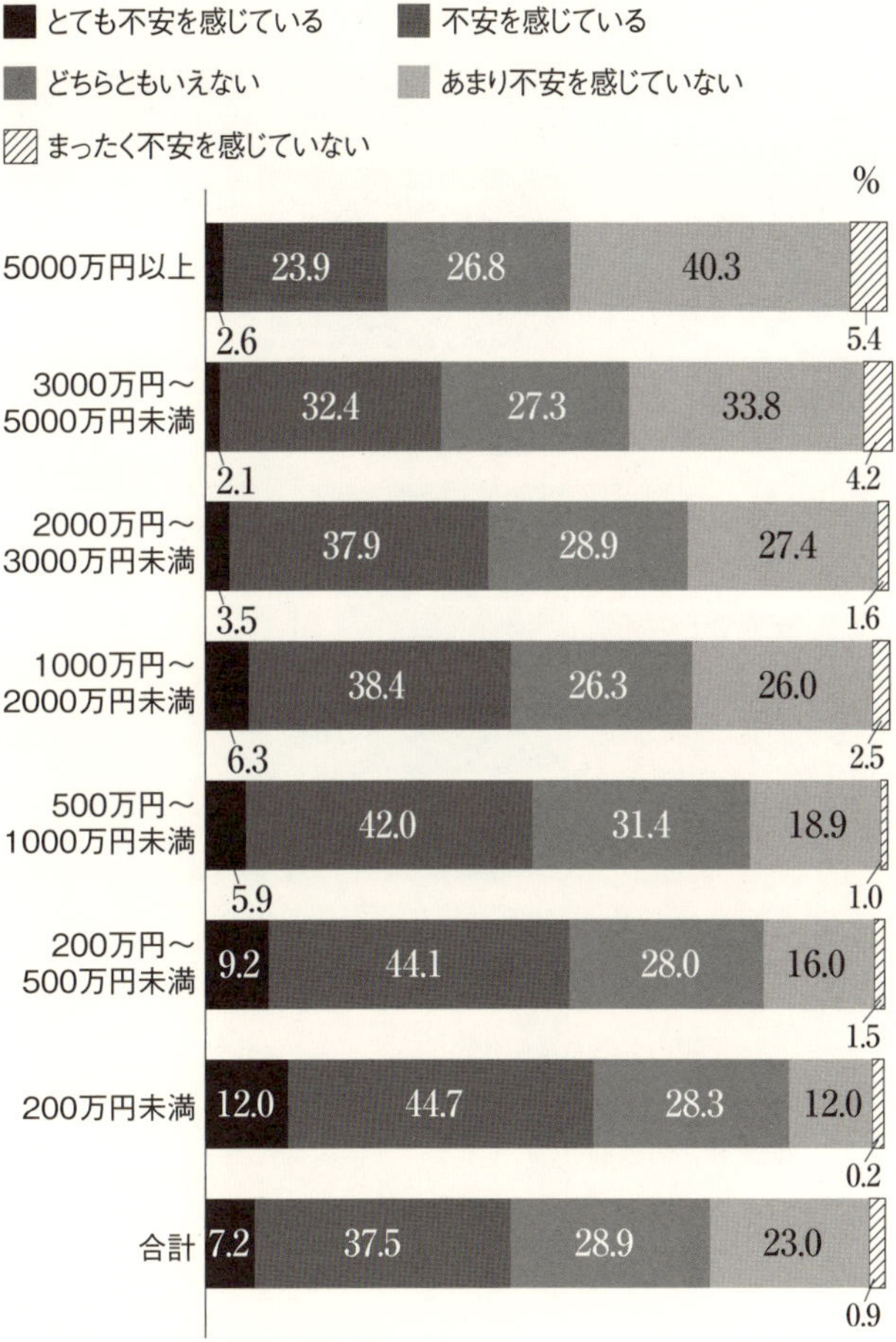
とても不安を感じている
不安を感じている
どちらともいえない
あまり不安を感じていない
まったく不安を感じていない
%
5000万円以上
23.9
26.8
40.3
2.6
5.4
3000万円〜5000万円未満
32.4
27.3
33.8
2.1
4.2
2000万円〜3000万円未満
37.9
28.9
27.4
3.5
1.6
1000万円〜2000万円未満
38.4
26.3
26.0
6.3
2.5
500万円〜1000万円未満
42.0
31.4
18.9
5.9
1.0
200万円〜500万円未満
9.2
44.1
28.0
16.0
1.5
200万円未満
12.0
44.7
28.3
12.0
0.2
合計
7.2
37.5
28.9
23.0
0.9

資料：三菱総合研究所「シニア調査」2015

シニア全体では病気への不安が最も多い

図2―2　将来の生活への不安の内容

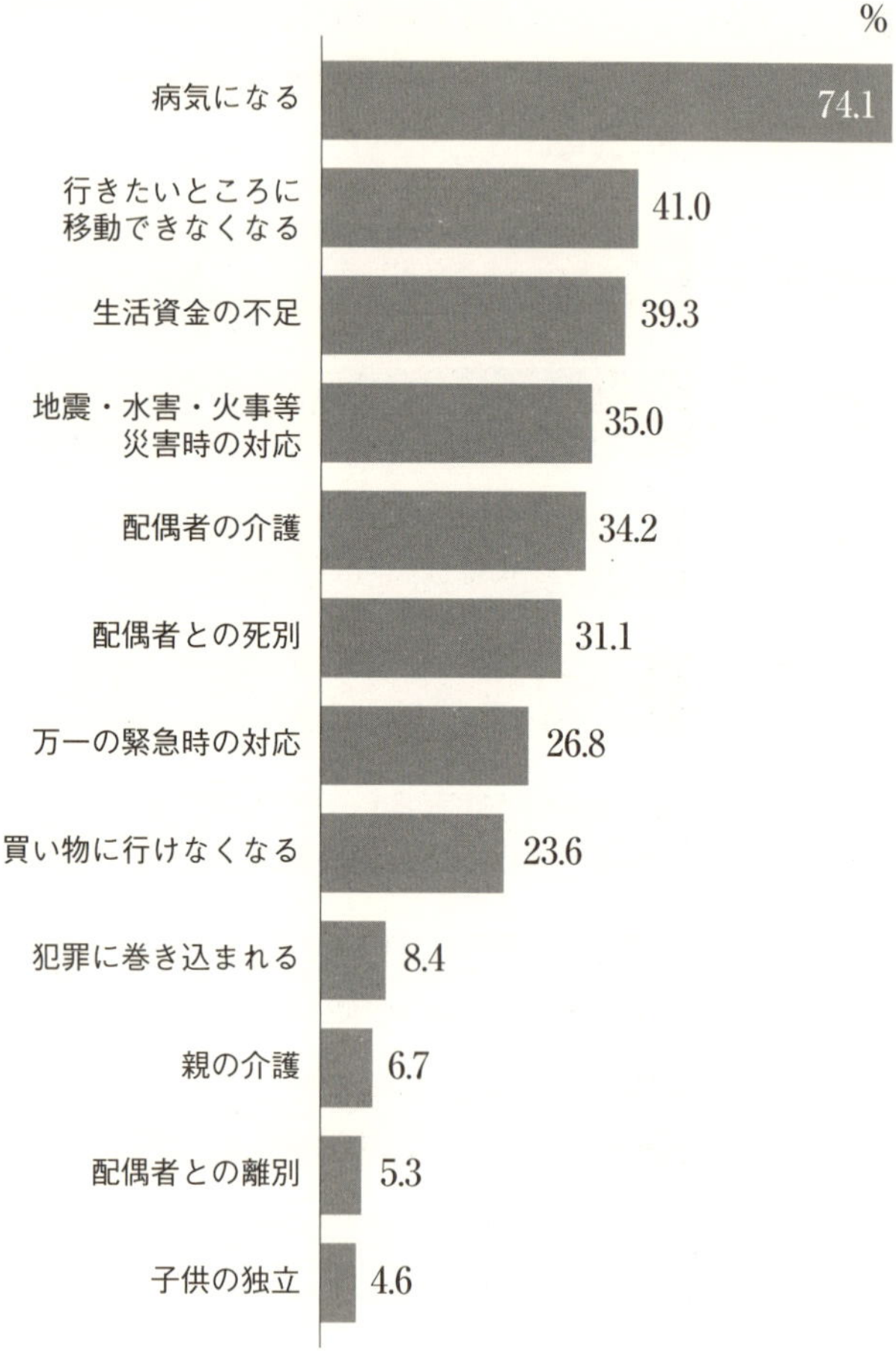
%
病気になる
74.1
行きたいところに
移動できなくなる
41.0
生活資金の不足
39.3
地震・水害・火事等
災害時の対応
35.0
配偶者の介護
34.2
配偶者との死別
31.1
万一の緊急時の対応
26.8
買い物に行けなくなる
23.6
犯罪に巻き込まれる
8.4
親の介護
6.7
配偶者との離別
5.3
子供の独立
4.6

資料：三菱総合研究所「シニア調査」2015

●資産があってもなくても、かかる医療費は同じという不平等

しかし、金融資産別に見ると、生活資金の不足については、資産200万円未満の人では66%が不安だが、1000万円〜2000万円未満では38%、3000万円〜5000万円未満になると18%、5000万円以上では9%しかない（図2-3）。

また、過去1年間のあなたの入院費、治療費、薬代、リハビリ費の合計をたずねたところ、金融資産の差による違いはなかった（図2-4）。つまり、資産があってもなくても、かかる医療費は同じだということである。こうしたことが、資産の少ないシニアが、生活資金の不足でますます不安になる要因である。病気になったら収入のほとんどが医療関係にとられてしまうからである。

だからこそ、先に述べたように年収をせめて50万円でも100万円でも増やしたいというシニアが多いのであろう。

下流老人ほど生活資金不足が不安

図2−3　金融資産別・「生活資金の不足」が不安な人の割合

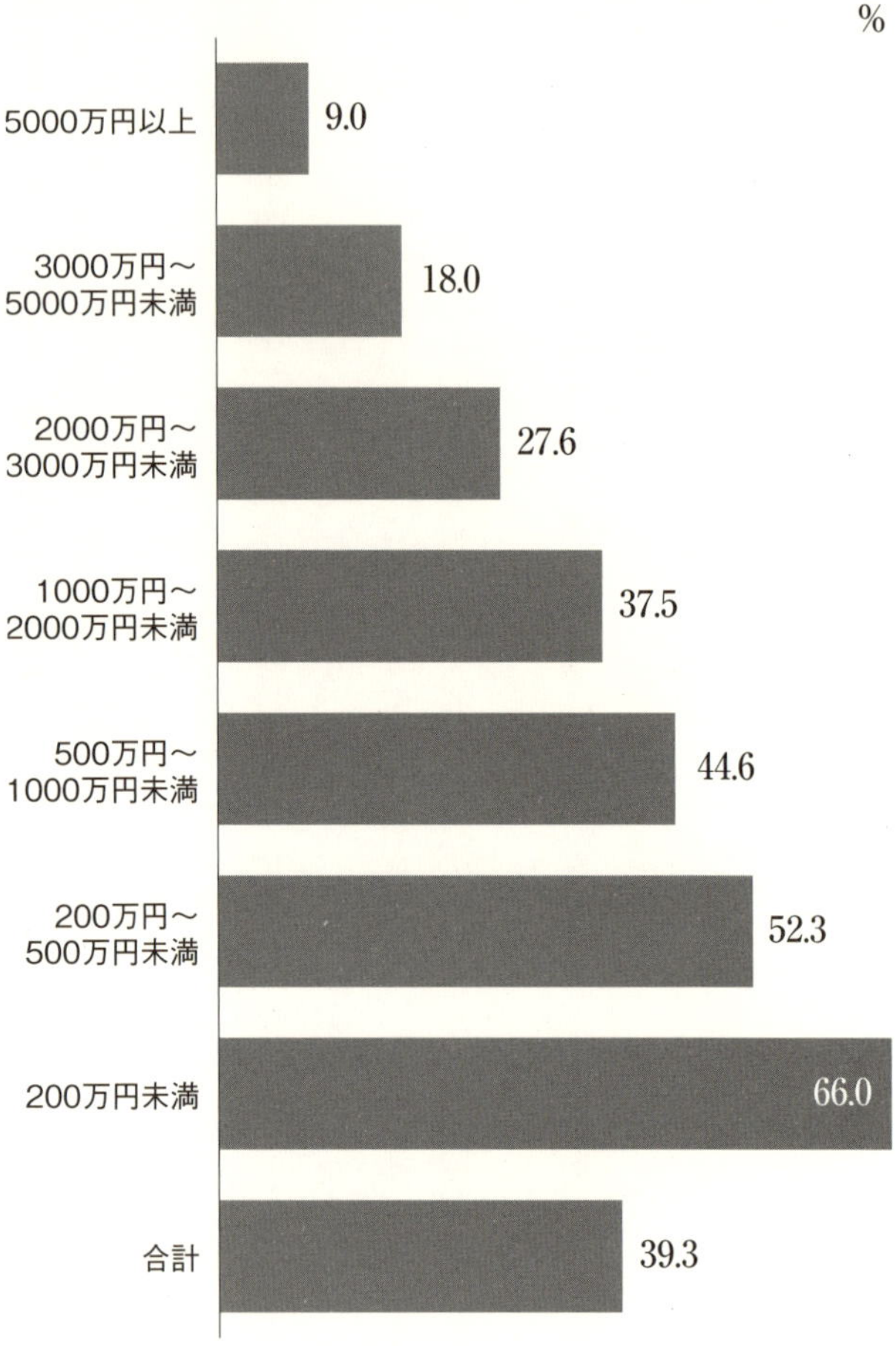
%
5000万円以上
9.0
3000万円～
5000万円未満
18.0
2000万円～
3000万円未満
27.6
1000万円～
2000万円未満
37.5
500万円～
1000万円未満
44.6
200万円～
500万円未満
52.3
200万円未満
66.0
合計
39.3

資料：三菱総合研究所「シニア調査」2015

下流老人も上流老人と同じくらい医療費がかかる

図2—4　金融資産別・過去1年間の入院費、治療費、薬代、リハビリ費の合計

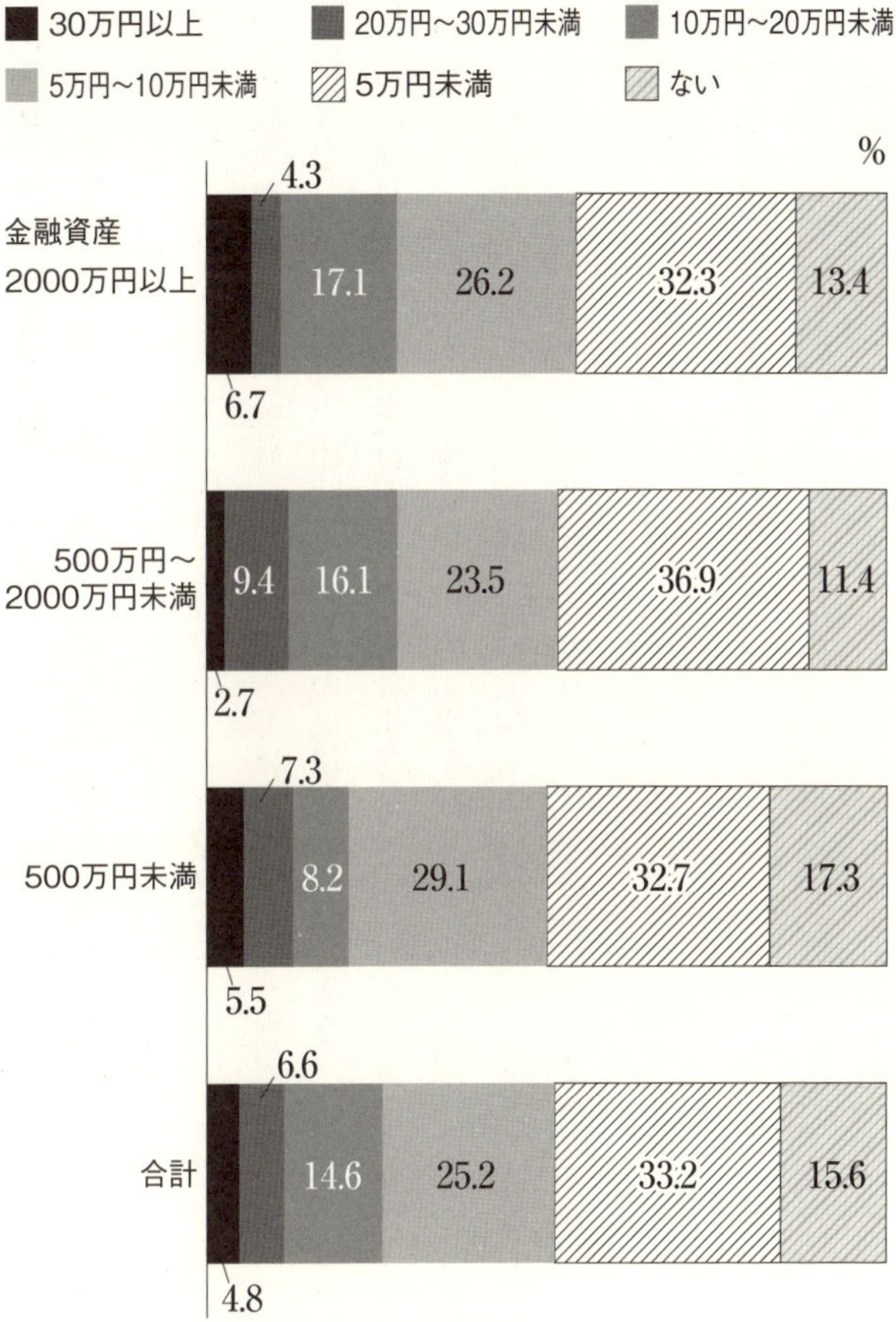
30万円以上
20万円～30万円未満
10万円～20万円未満
5万円～10万円未満
5万円未満
ない
%
金融資産
2000万円以上
6.7
4.3
17.1
26.2
32.3
13.4
500万円～
2000万円未満
2.7
9.4
16.1
23.5
36.9
11.4
500万円未満
5.5
7.3
8.2
29.1
32.7
17.3
合計
4.8
6.6
14.6
25.2
33.2
15.6

資料：カルチャースタディーズ研究所+三菱総合研究所「シニア追加調査」2015

●40代での大病、大けがが貧困化の一因か

男性について、「40歳以降に大病、大けがをして、通院、療養しながら仕事を続けたことがある」か「40歳以降に大病、大けがをして、仕事を1ヶ月以上休職したことがある」か「40歳以降に大病、大けがをして、仕事を辞めたことがある」と幸福度が関係するかを見てみた。病気が収入や資産形成に影響を及ぼしたのではないかという仮説によるものである。

いくつか集計をしてみた結果、相関していたのは現在の年収である。年収が100万円未満の男性は「40歳以降に大病、大けがをして、仕事を辞めたことがある」人が19%と多いのである（図2-5）。長期の入院、療養が人生の歯車を狂わせ、収入を減らしたのである。

しかし年収600万円以上では「40歳以降に大病、大けがをして、通院、療養しながら仕事を続けたことがある」人が16%と多い。やはり上流になる人は根性が違うのか、もともと体が頑強なのか。

●幸福老人ほど遺族に負担をかけたくない

今後の人生についての質問では、シニア全体では「重い病気になったら、無理に延命しなくていい」が71%、「できるだけ子供に迷惑をかけないようにしたい」が62%と多く、次いで、

下流老人は大病や大けがをした人が多い

図2−5　年収別・大病や大けがの経験　男性のみで集計

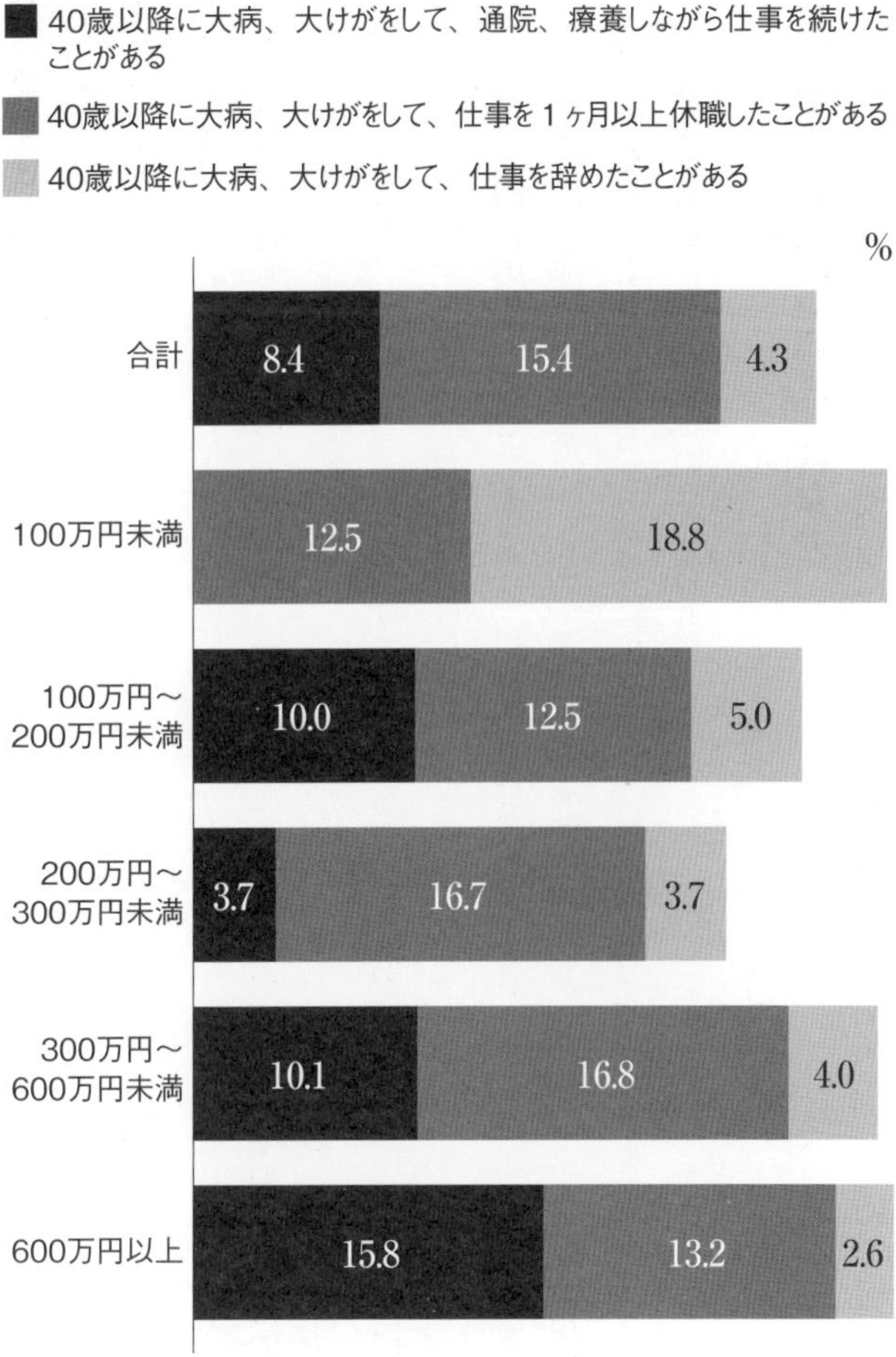
40歳以降に大病、大けがをして、通院、療養しながら仕事を続けたことがある
40歳以降に大病、大けがをして、仕事を１ヶ月以上休職したことがある
40歳以降に大病、大けがをして、仕事を辞めたことがある
%
合計
8.4
15.4
4.3
100万円未満
12.5
18.8
100万円〜200万円未満
10.0
12.5
5.0
200万円〜300万円未満
3.7
16.7
3.7
300万円〜600万円未満
10.1
16.8
4.0
600万円以上
15.8
13.2
2.6

注：合計には年収が「特になし」「わからない」を含む。
資料：カルチャースタディーズ研究所+三菱総合研究所「シニア追加調査」2015

「葬式は親族と親友だけでささやかにやりたい」が58％、「そんなに長生きしなくてもいいので、ポックリいきたい」が54％である。

これを幸せな人と幸せでない人の差が大きい順に見ると、幸せなシニアほど「子供に迷惑をかけないように」「自宅で死にたい」が多い（図2-6）。逆に、幸せでない人でやや多いのは「そんなに長生きしなくてもいいので、ポックリいきたい」である。やや厭世的になっているようである。

自由回答を見ると、「気楽に」「なるようにしかならない」「あるがままに暮らしたい」「生きたいように生きる」「葬式も墓も要らない」「Ｔｏｍｏｒｒｏｗ ｉｓ ａｎｏｔｈｅｒ ｄａｙ．明日は明日の風が吹くですよ」「自分なりに思ったようにその時を過ごしていければそれで満足という感じ」「自然に」といった、戦後世代が多いシニアらしい価値観が浮び上がった。また、より積極的に「趣味に生きる」「自分のやりたいことをしていく」「余裕があれば海外生活がしたい」という回答もあった。

●お墓に対する考えは幸福度で異なる

お墓に対する考え方は男女合計では、「代々の家の墓に入る」が36％、「夫婦で新しく買っ

無理な延命、子供への迷惑は避けたい

図2−6　幸福度別・今後の人生
（幸せである人と幸せでない人の差の順）

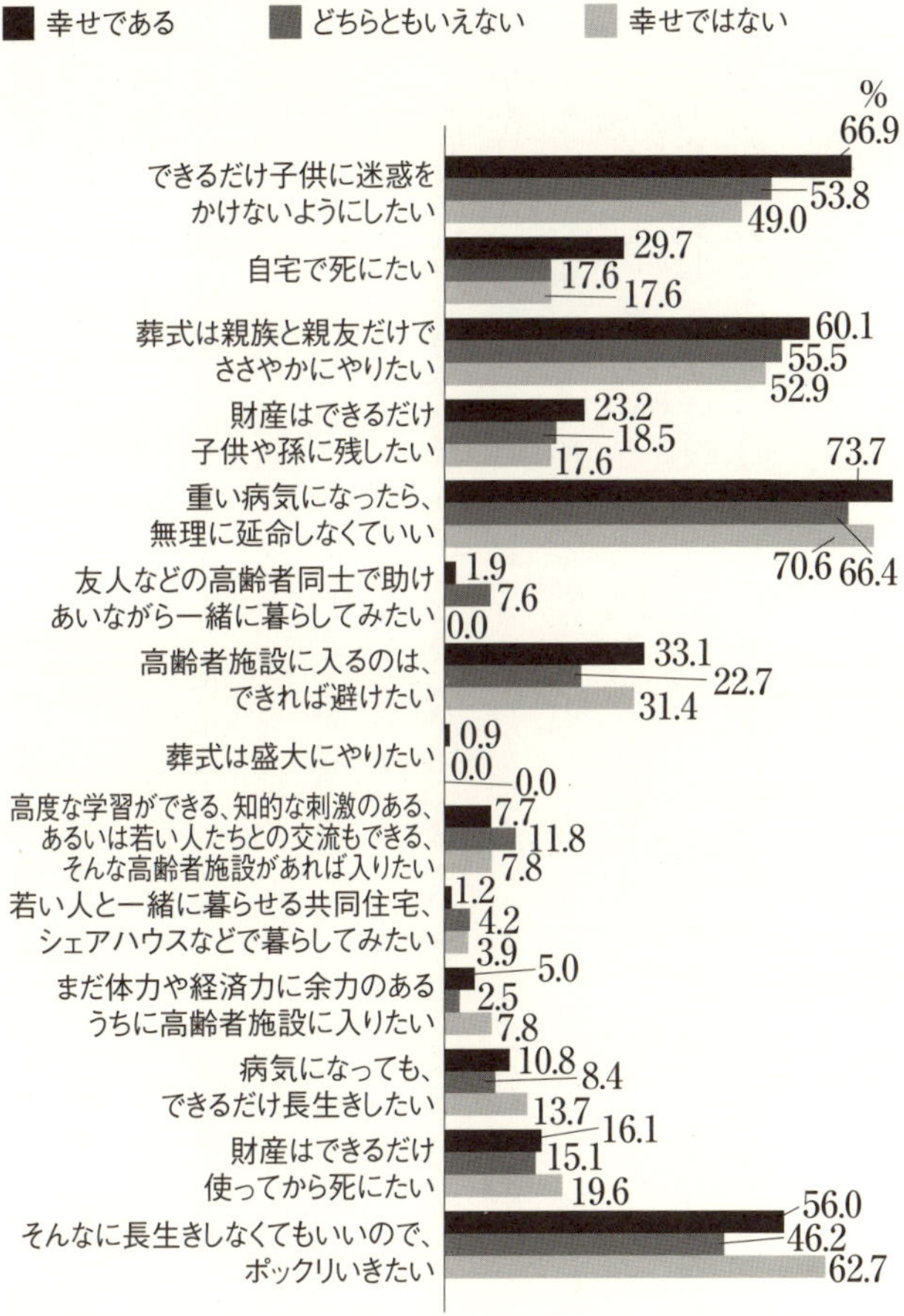
幸せである
どちらともいえない
幸せではない
%
できるだけ子供に迷惑をかけないようにしたい
66.9
53.8
49.0
自宅で死にたい
29.7
17.6
17.6
葬式は親族と親友だけでささやかにやりたい
60.1
55.5
52.9
財産はできるだけ子供や孫に残したい
23.2
18.5
17.6
重い病気になったら、無理に延命しなくていい
73.7
70.6
66.4
友人などの高齢者同士で助けあいながら一緒に暮らしてみたい
1.9
7.6
0.0
高齢者施設に入るのは、できれば避けたい
33.1
22.7
31.4
葬式は盛大にやりたい
0.9
0.0
0.0
高度な学習ができる、知的な刺激のある、あるいは若い人たちとの交流もできる、そんな高齢者施設があれば入りたい
7.7
11.8
7.8
若い人と一緒に暮らせる共同住宅、シェアハウスなどで暮らしてみたい
1.2
4.2
3.9
まだ体力や経済力に余力のあるうちに高齢者施設に入りたい
5.0
2.5
7.8
病気になっても、できるだけ長生きしたい
10.8
8.4
13.7
財産はできるだけ使ってから死にたい
16.1
15.1
19.6
そんなに長生きしなくてもいいので、ポックリいきたい
56.0
46.2
62.7

資料：カルチャースタディーズ研究所+三菱総合研究所「シニア追加調査」2015

た（買う予定の）墓に入る」が21％だった（図2‐7）。団塊世代が多い割には「代々の墓」が多く、「夫婦で新しく」が少ない気がする。ただし、未婚者に限ると「代々の墓に入る」が58％、死別者では48％である（図2‐8）。

また、男女別・幸福度別に集計したところ、男女とも「幸せ」な人は代々の墓に入る人が多く4割ほど。男性は「幸せ」な人が、女性は「幸せ」な人もそうでない人も「夫婦で新しく買った（買う予定の）墓に入る」が2割台だった（図2‐7）。ここでもやはり、団塊世代がほとんどであるサンプルにしては、夫婦の墓があまり多くないという印象を私は持った。

それから、幸せではない男性は散骨をしたい人が18％おり、幸せではない女性は樹木葬を希望する人がやはり18％いた。さらに、サンプル数が少ないので参考値だが、離別した人は散骨を希望する人が22％、「その他の墓を考えている」も17％で、多かった。特に離別した女性の33％が「その他の墓を考えている」であった（図2‐8）。

他方、離別した男性は「まだ考えていない」が50％だった。男女とも離別によって従来の墓に入りにくくなるのである。今後は新しいタイプの墓や葬式がますます必要になりそうだ。

幸せでない男性は散骨、女性は樹木葬をしたい

図2―7　幸福度別・男女別・お墓の予定（1つだけ回答）

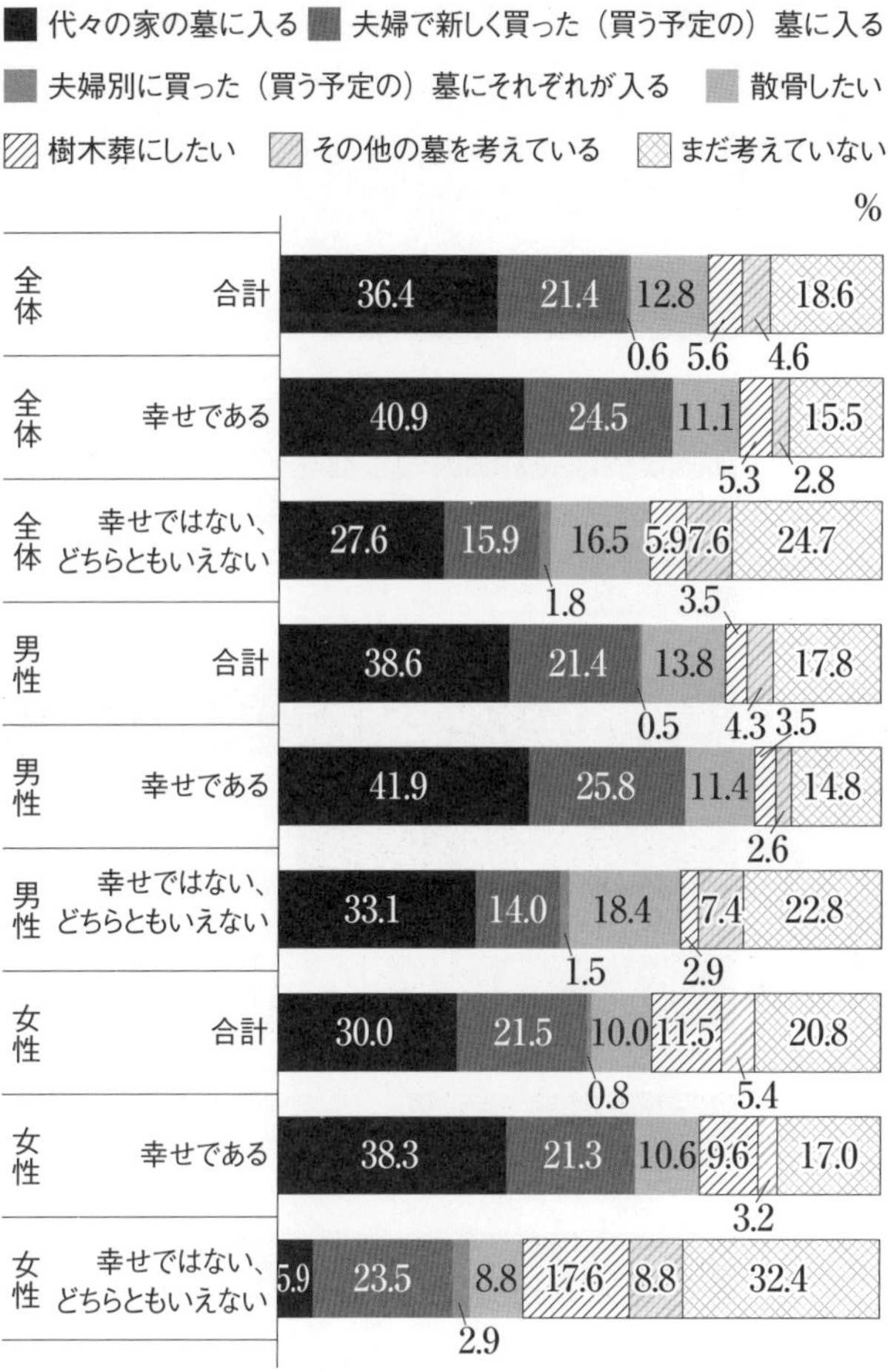
代々の家の墓に入る
夫婦で新しく買った（買う予定の）墓に入る
夫婦別に買った（買う予定の）墓にそれぞれが入る
散骨したい
樹木葬にしたい
その他の墓を考えている
まだ考えていない
%
全体 合計 36.4 21.4 0.6 12.8 5.6 4.6 18.6
全体 幸せである 40.9 24.5 11.1 5.3 2.8 15.5
全体 幸せではない、どちらともいえない 27.6 15.9 1.8 16.5 5.9 7.6 24.7
男性 合計 38.6 21.4 0.5 13.8 3.5 4.3 17.8
男性 幸せである 41.9 25.8 11.4 3.5 2.6 14.8
男性 幸せではない、どちらともいえない 33.1 14.0 1.5 18.4 2.9 7.4 22.8
女性 合計 30.0 21.5 0.8 10.0 11.5 5.4 20.8
女性 幸せである 38.3 21.3 10.6 9.6 3.2 17.0
女性 幸せではない、どちらともいえない 5.9 23.5 2.9 8.8 17.6 8.8 32.4

資料：カルチャースタディーズ研究所+三菱総合研究所「シニア追加調査」2015

離別した人にはちょうどいい墓がない

図2—8　男女別・配偶関係別・お墓の予定（1つだけ回答）

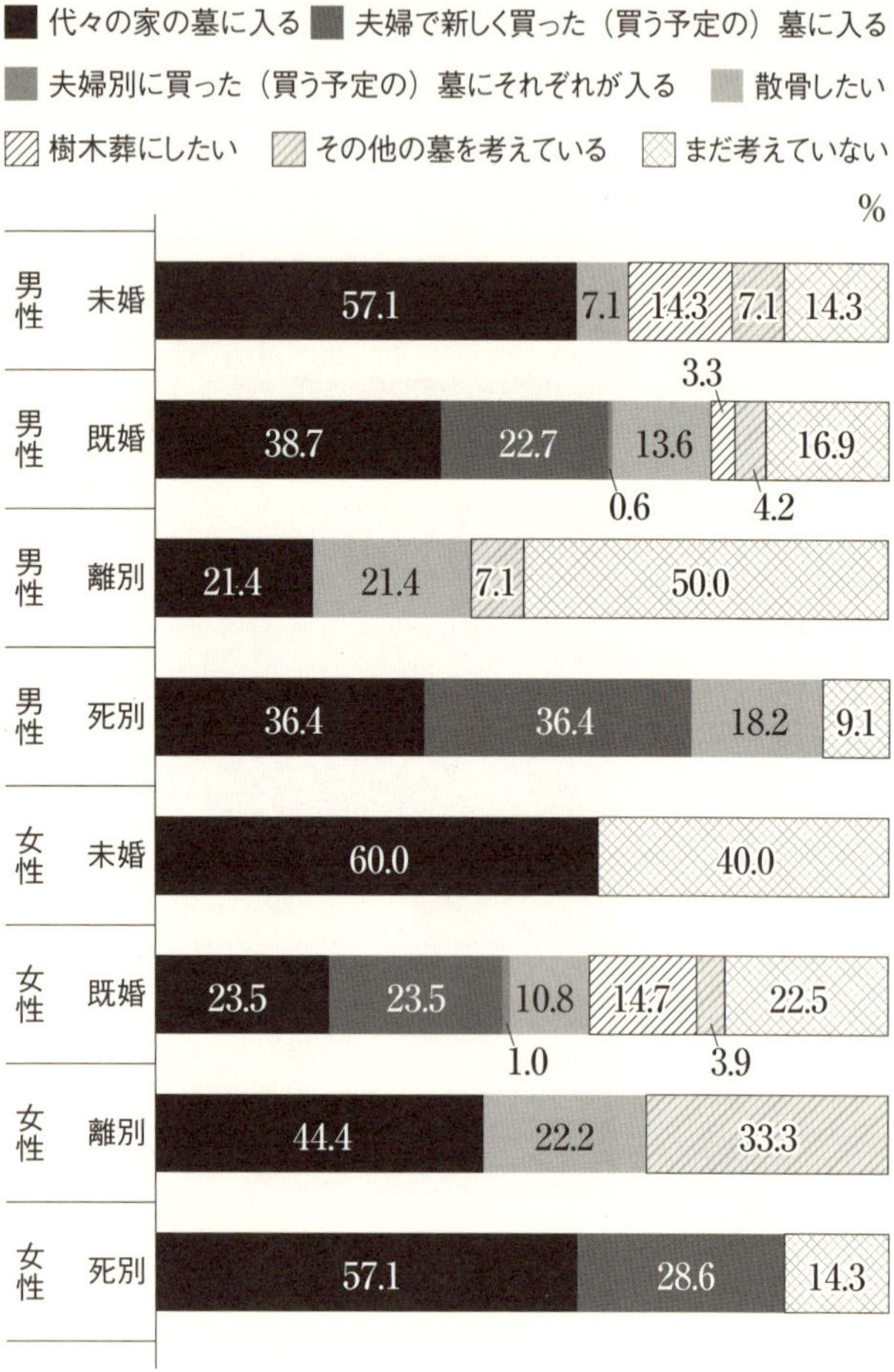

代々の家の墓に入る
夫婦で新しく買った（買う予定の）墓に入る
夫婦別に買った（買う予定の）墓にそれぞれが入る
散骨したい
樹木葬にしたい
その他の墓を考えている
まだ考えていない
%
男性　未婚
57.1
7.1
14.3
7.1
14.3
男性　既婚
38.7
22.7
0.6
13.6
3.3
4.2
16.9
男性　離別
21.4
21.4
7.1
50.0
男性　死別
36.4
36.4
18.2
9.1
女性　未婚
60.0
40.0
女性　既婚
23.5
23.5
1.0
10.8
14.7
3.9
22.5
女性　離別
44.4
22.2
33.3
女性　死別
57.1
28.6
14.3

資料：カルチャースタディーズ研究所+三菱総合研究所「シニア追加調査」2015

●おひとりさまが増えて「墓友」を求める

ところで「その他の墓」とは何だろうか。回答者もわからずにその選択肢を選んだのだろうかと考えていたら、お正月の新聞広告に面白いものがあった（次ページ）。宝島社の広告で、樹木希林が草花に囲まれて川を流れていく。夏目漱石も『草枕』で触れたイギリスの画家ジョン・エヴァレット・ミレイの名作「オフィーリア」をモチーフにしたものだ。

コピーは「死ぬときぐらい　好きにさせてよ」。たしかにこうやって自由に美しく川に流されて死ねるなら、それを望む人もたくさんいそうだ。テーマ曲は美空ひばりの「川の流れのように」か？

「墓友《はかとも》」というのもあるそうだ。死後には共同墓地などといった同じ墓に入ることを前提としてつきあっている交友関係のことを言うのだそう。宗教団体に加えて企業やＮＰＯ法人などが共同墓地の運営に乗り出すようになってきており、そこで募集されている共同墓地に友達同士で共に応募をするという行動を取っている。このような墓友というのは老人同士のサークルなどで知り合った者同士という親戚ではない他人同士（離婚をした老人、子供のいない老人や生涯未婚者など）だそうだ（ｗｉｋｉｐｅｄｉａ参照）。

宝島社 企業広告「死ぬときぐらい　好きにさせてよ」。ボディコピーは以下の通り。
「人は必ず死ぬというのに。長生きを叶える技術ばかりが進化して　なんとまあ死ににくい時代になったことでしょう。死を疎むことなく、死を焦ることもなく。ひとつひとつの欲を手放して、身じまいをしていきたいと思うのです。人は死ねば宇宙の塵芥。せめて美しく輝く塵になりたい。それが、私の最後の欲なのです。」

●女性は認知症と家事に不安がある

「あなたが今、困っていること、悩んでいること、不満・不安なこと」は何かという質問では、「体力、体の抵抗力が落ちた」45％、「認知症にならないか不安だ」27％、「医療費がかかる」23％、「消費税の増税」20％、「息子、娘がまだ結婚しない」18％が上位を占めた（図2-9）。

男女別で見て、男性のほうが多いのは「酒・タバコをやめろといわれる」「資産の減少」「息子、娘がまだ結婚しない」「家が古いがリフォームや建て替えの資金がない」「体に不調があり、日常の行動に不自由することがある」「趣味がない」「さびしい」「仕事がしたいが、いい仕事が見つからない」「孫の世話を任されるのが大変だ」である（図2-10）。

女性のほうが多いのは「認知症にならないか不安だ」。これは、女性のほうが長生きをするので、介護をする人がいなくなる不安からだろう。次いで「家事を自分にかわってやってくれる人がいない」。これは女性が家事専門だった世代の悩みである（図2-11）。

また「住んでいる地域に散歩を楽しめる雰囲気の街並や、ふと一休みできるような場所がない」「住んでいる地域は買い物をするのに不便だ」「住んでいる地域の住民同士のつきあいが面倒くさい」「住んでいる地域に住民同士の助け合いがない」も女性のほうが多い。これ

悩み事は頭と体とお金

図2−9　悩み事(複数回答)

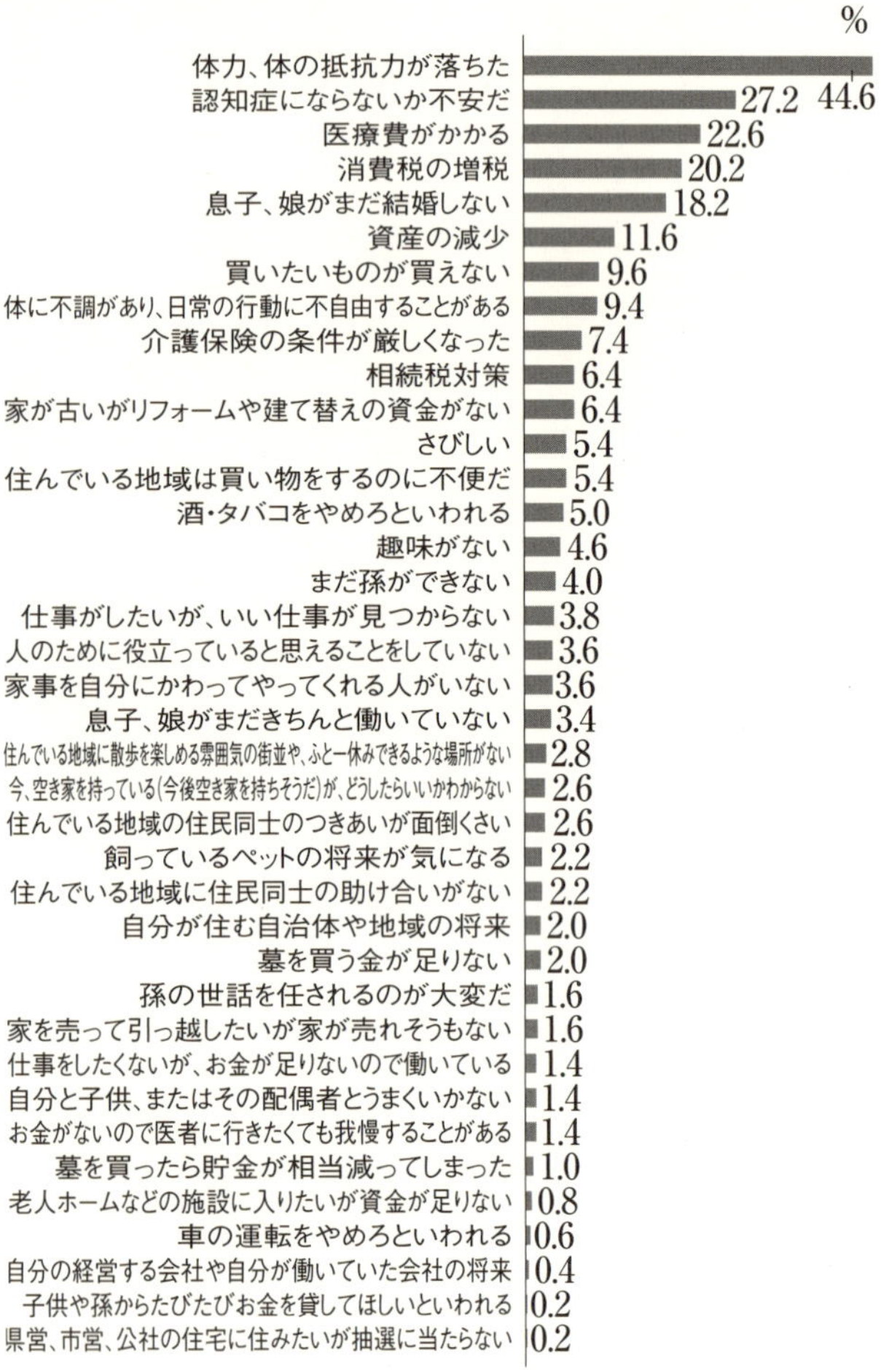
%
体力、体の抵抗力が落ちた 44.6
認知症にならないか不安だ 27.2
医療費がかかる 22.6
消費税の増税 20.2
息子、娘がまだ結婚しない 18.2
資産の減少 11.6
買いたいものが買えない 9.6
体に不調があり、日常の行動に不自由することがある 9.4
介護保険の条件が厳しくなった 7.4
相続税対策 6.4
家が古いがリフォームや建て替えの資金がない 6.4
さびしい 5.4
住んでいる地域は買い物をするのに不便だ 5.4
酒・タバコをやめろといわれる 5.0
趣味がない 4.6
まだ孫ができない 4.0
仕事がしたいが、いい仕事が見つからない 3.8
人のために役立っていると思えることをしていない 3.6
家事を自分にかわってやってくれる人がいない 3.6
息子、娘がまだきちんと働いていない 3.4
住んでいる地域に散歩を楽しめる雰囲気の街並や、ふと一休みできるような場所がない 2.8
今、空き家を持っている(今後空き家を持ちそうだ)が、どうしたらいいかわからない 2.6
住んでいる地域の住民同士のつきあいが面倒くさい 2.6
飼っているペットの将来が気になる 2.2
住んでいる地域に住民同士の助け合いがない 2.2
自分が住む自治体や地域の将来 2.0
墓を買う金が足りない 2.0
孫の世話を任されるのが大変だ 1.6
家を売って引っ越したいが家が売れそうもない 1.6
仕事をしたくないが、お金が足りないので働いている 1.4
自分と子供、またはその配偶者とうまくいかない 1.4
お金がないので医者に行きたくても我慢することがある 1.4
墓を買ったら貯金が相当減ってしまった 1.0
老人ホームなどの施設に入りたいが資金が足りない 0.8
車の運転をやめろといわれる 0.6
自分の経営する会社や自分が働いていた会社の将来 0.4
子供や孫からたびたびお金を貸してほしいといわれる 0.2
県営、市営、公社の住宅に住みたいが抽選に当たらない 0.2

資料：カルチャースタディーズ研究所+三菱総合研究所「シニア追加調査」2015

酒とタバコがやめられないシニア男性

図2—10　男性の悩み事～男性が女性より多い項目の順（複数回答）

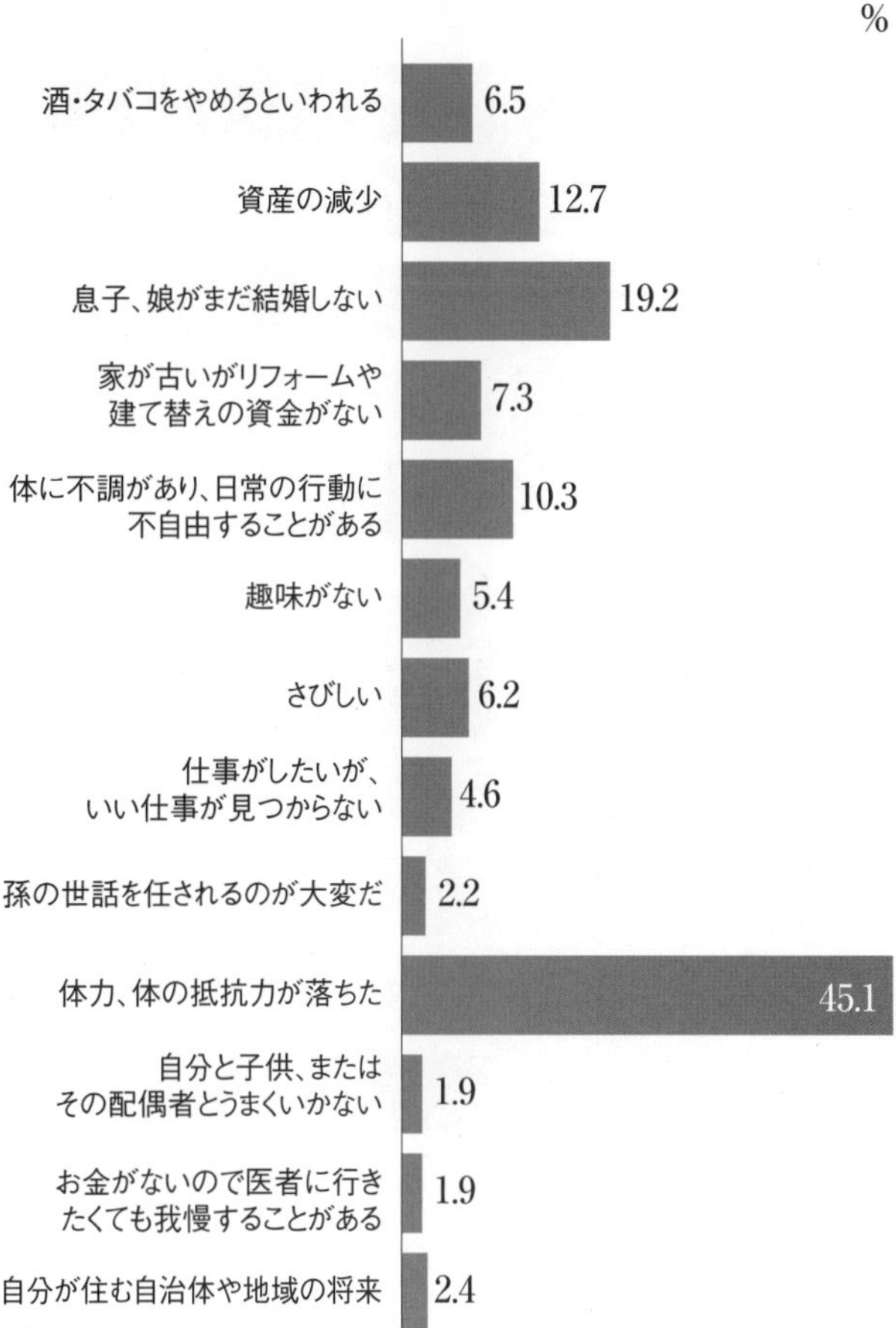
%
酒・タバコをやめろといわれる 6.5
資産の減少 12.7
息子、娘がまだ結婚しない 19.2
家が古いがリフォームや建て替えの資金がない 7.3
体に不調があり、日常の行動に不自由することがある 10.3
趣味がない 5.4
さびしい 6.2
仕事がしたいが、いい仕事が見つからない 4.6
孫の世話を任されるのが大変だ 2.2
体力、体の抵抗力が落ちた 45.1
自分と子供、またはその配偶者とうまくいかない 1.9
お金がないので医者に行きたくても我慢することがある 1.9
自分が住む自治体や地域の将来 2.4

資料：カルチャースタディーズ研究所+三菱総合研究所「シニア追加調査」2015

1人になったときが不安な女性

図2−11　女性の悩み事〜女性が男性より多い項目の順（複数回答）

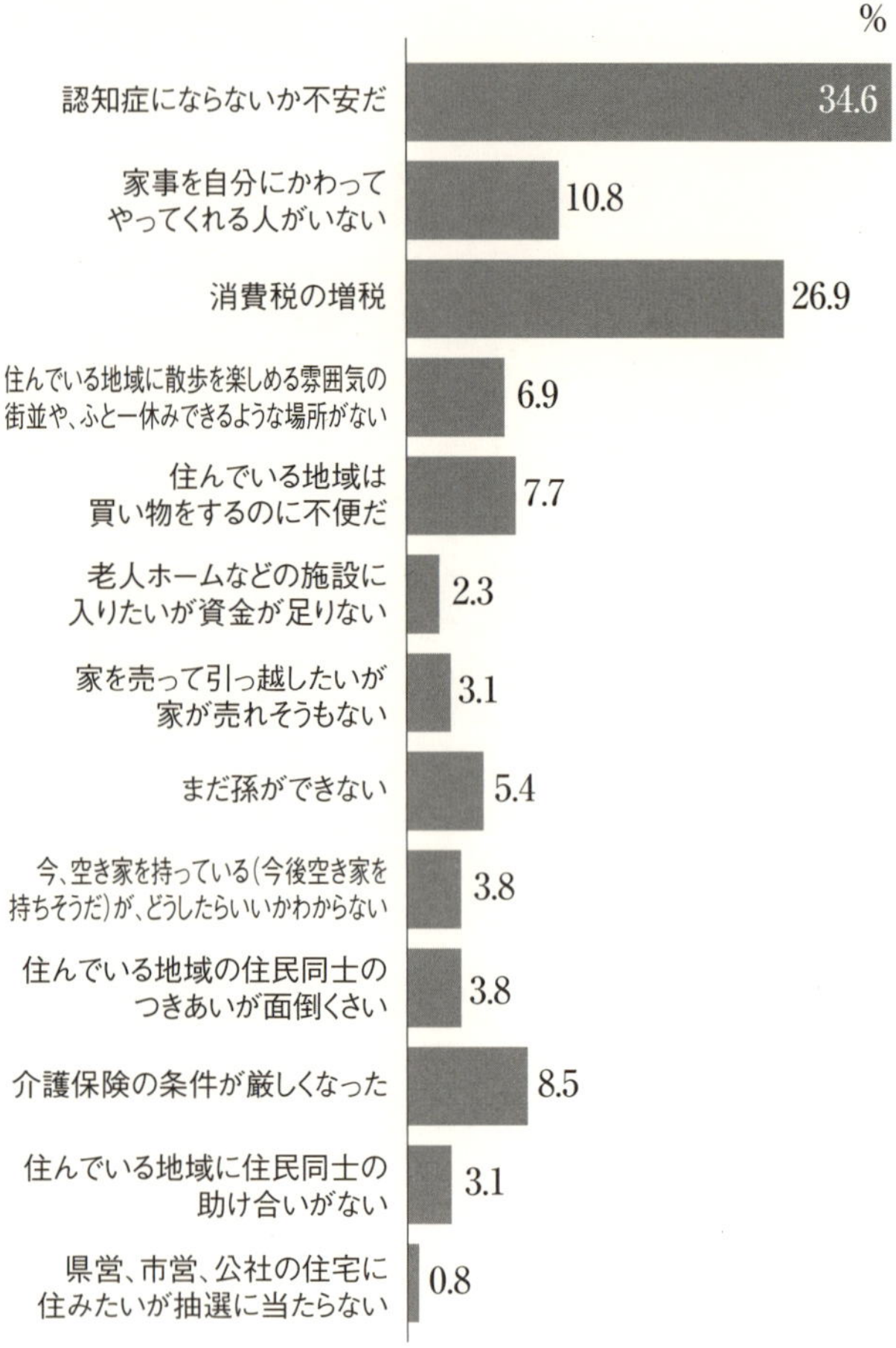
%
認知症にならないか不安だ
34.6
家事を自分にかわって
やってくれる人がいない
10.8
消費税の増税
26.9
住んでいる地域に散歩を楽しめる雰囲気の
街並や、ふと一休みできるような場所がない
6.9
住んでいる地域は
買い物をするのに不便だ
7.7
老人ホームなどの施設に
入りたいが資金が足りない
2.3
家を売って引っ越したいが
家が売れそうもない
3.1
まだ孫ができない
5.4
今、空き家を持っている（今後空き家を
持ちそうだ）が、どうしたらいいかわからない
3.8
住んでいる地域の住民同士の
つきあいが面倒くさい
3.8
介護保険の条件が厳しくなった
8.5
住んでいる地域に住民同士の
助け合いがない
3.1
県営、市営、公社の住宅に
住みたいが抽選に当たらない
0.8

資料：カルチャースタディーズ研究所+三菱総合研究所「シニア追加調査」2015

らは、男性よりも地域に親しんできた女性特有の回答傾向だと言える。

●これからの街づくりはシニア女性の声を聞いて

「消費税の増税」や「介護保険の条件が厳しくなった」といった項目がやはり女性のほうで多いのは、女性が男性よりも買い物をすることが多いのに加えて、男性より長く生きることを前提としているからである。

また、「老人ホームなどの施設に入りたいが資金が足りない」「家を売って引っ越したいが家が売れそうもない」といった住まいについての大きな出費に関する悩みも、数字は小さいが、女性のほうが多い。女性のほうが長く生きるからこそ、住まいについての悩みが大きいのである。

女性は、今までずっと地域に根付いて暮らしてきたし、夫の死後も最後までこの地域に住むのは自分だという意識が強い。だから、少しでも地域の環境や地域の人間関係を良くしようとする。また、いずれは自宅を離れて、老人ホームに入ったり、子供の家に呼び寄せられたりすることも想定するから、ますます自分の将来の住まい方について考えるのである。

私は地域振興関係の仕事も多く、一般市民を対象に講演会をすることもあるが、講演を聴きに来る男性の中には、地域の将来に対してどうも熱心ではない人がいる。男性は地域のことは妻に任せてきたし、住宅についても妻ほどには関心がない。先に病気になって妻に介護をしてもらって先に死ぬと勝手に思いこんでいる。というか、そう希望している。

だから、俺が死んだ後はよろしく頼むとか、これから先のことなんて俺は知らねえよと、口には出さないが、どことなく態度に出る人がいるのだ（だったら聴きに来なければいいのだが暇なのだろう）。これは後で述べる男性の幸福感とも関わるテーマである（126ページ参照）。

いずれにしても、今後の日本は、シニアの女性のニーズや意見をよく聞いた街づくりをしないといけなくなるだろう。特に急激に高齢化する東京などの大都市圏の郊外ニュータウンでは、オールドタウン化に対応した早急な対策が求められるが、そのときに重要になるのはシニア女性の声だろう（本書第5章および拙著『東京は郊外から消えていく!』『日本人はこれから何を買うのか?』参照）。

●したくてもできないことがたくさんある

次に、悩みや不安を金融資産500万円未満と2000万円以上の人の差で見てみる。

500万円未満の人で多いのは「消費税の増税」「買いたいものが買えない」「仕事がしたいが、いい仕事が見つからない」「介護保険の条件が厳しくなった」「お金がないので医者に行きたくても我慢することがある」と、経済問題を中心に切実なものが上位を占めた。

特に「消費税の増税」「買いたいものが買えない」は2000万円以上の人と差がとても大きい（図2-12）。「墓を買う金が足りない」「墓を買ったら貯金が相当減ってしまった」も下流老人でやや多いが、これは笑うに笑えない。また、お金がなくて医者に行かないというのでは「健康格差」が拡大するので、ぜひとも政策的に改善すべき問題である。「仕事がしたいが、いい仕事が見つからない」という人も500万円未満では8％いる。

逆に2000万円以上の人で多いのは、図にはないが「息子、娘がまだ結婚しない」であり、24％（500万円未満は15％）。また、「相続税対策」が10％（500万円未満は2・7％）であり、悩みとしてはやや贅沢である。そして「さびしい」が7・3％（500万円未満は3・6％）だった。相続税に悩みつつ、さびしい、というのは、本当にさびしい。

●悩みは体力と医療費

当然ながら、幸せな人は、悩み事が少なく、幸せでない人では多い。

医者に行きたくても我慢する人も

図2−12　金融資産別・悩み事
〜500万円未満と2000万円以上の差の順（複数回答）

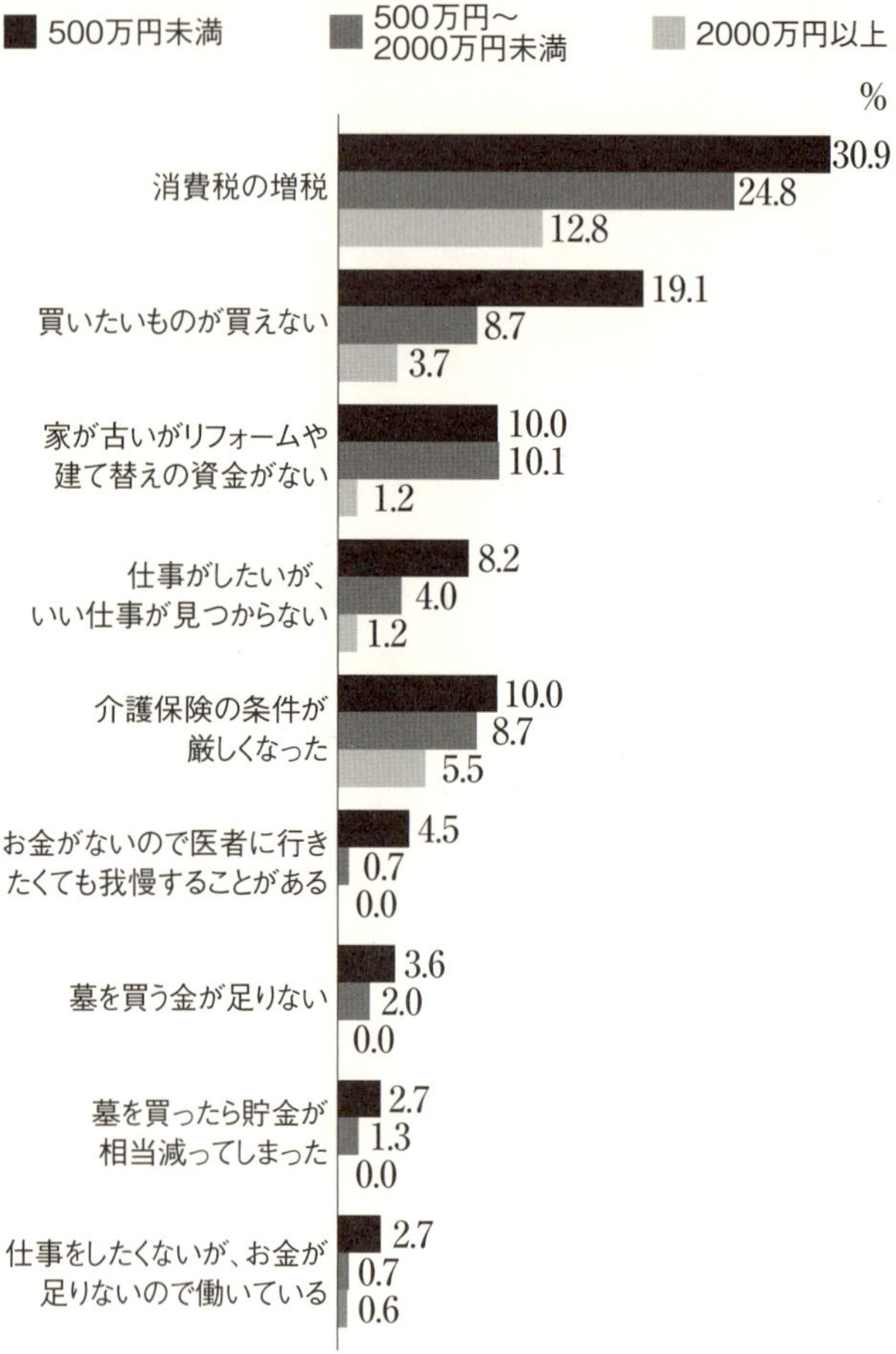

500万円未満
500万円〜2000万円未満
2000万円以上
%
消費税の増税
30.9
24.8
12.8
買いたいものが買えない
19.1
8.7
3.7
家が古いがリフォームや建て替えの資金がない
10.0
10.1
1.2
仕事がしたいが、いい仕事が見つからない
8.2
4.0
1.2
介護保険の条件が厳しくなった
10.0
8.7
5.5
お金がないので医者に行きたくても我慢することがある
4.5
0.7
0.0
墓を買う金が足りない
3.6
2.0
0.0
墓を買ったら貯金が相当減ってしまった
2.7
1.3
0.0
仕事をしたくないが、お金が足りないので働いている
2.7
0.7
0.6

資料：カルチャースタディーズ研究所+三菱総合研究所「シニア追加調査」2015

幸せではない人の悩み事の1位は「体力、抵抗力」、2位は「医療費」、3位は「消費税増税」、4位は「認知症」、5位は「買いたいものが買えない」、6位は「体に不調」であり、すべて健康とお金に関わるものである（図2-13）。

特に「医療費」は「幸せではない」人は43％が悩んでいるが、「幸せな」人は19％だけであり、差が大きい。消費税も、幸せでない人は39％だが、幸せな人は16％だけである。

幸せである人の悩み事も、順番はだいたい同じであるが、「息子、娘がまだ結婚しない」が第4位に浮上してくる（幸せでない人では14％だが幸せな人では18％）（図2-14）。子供のことを心配する余裕が出てくるとも言える。

●下流で不幸な老人は、買いたいものが買えない人

次に悩み事を金融資産と幸福度の2重クロスで見てみる（なお2重クロスするとサンプル数が減るので「幸せではない」と「どちらともいえない」を合計して集計した）。

結果を金融資産500万円未満のシニアについて、悩み事を「幸せではない、どちらともいえない」人の回答が「幸せである」人の回答よりも多い順に並べてみると、上位に並ぶのは「買いたいものが買えない」「お金がないので医者に行きたくても我慢する」といったか

体力低下、認知症の不安などが不幸の要因

図2−13　「幸せではない人」の悩み事
（複数回答、2%以上の回答のみ）

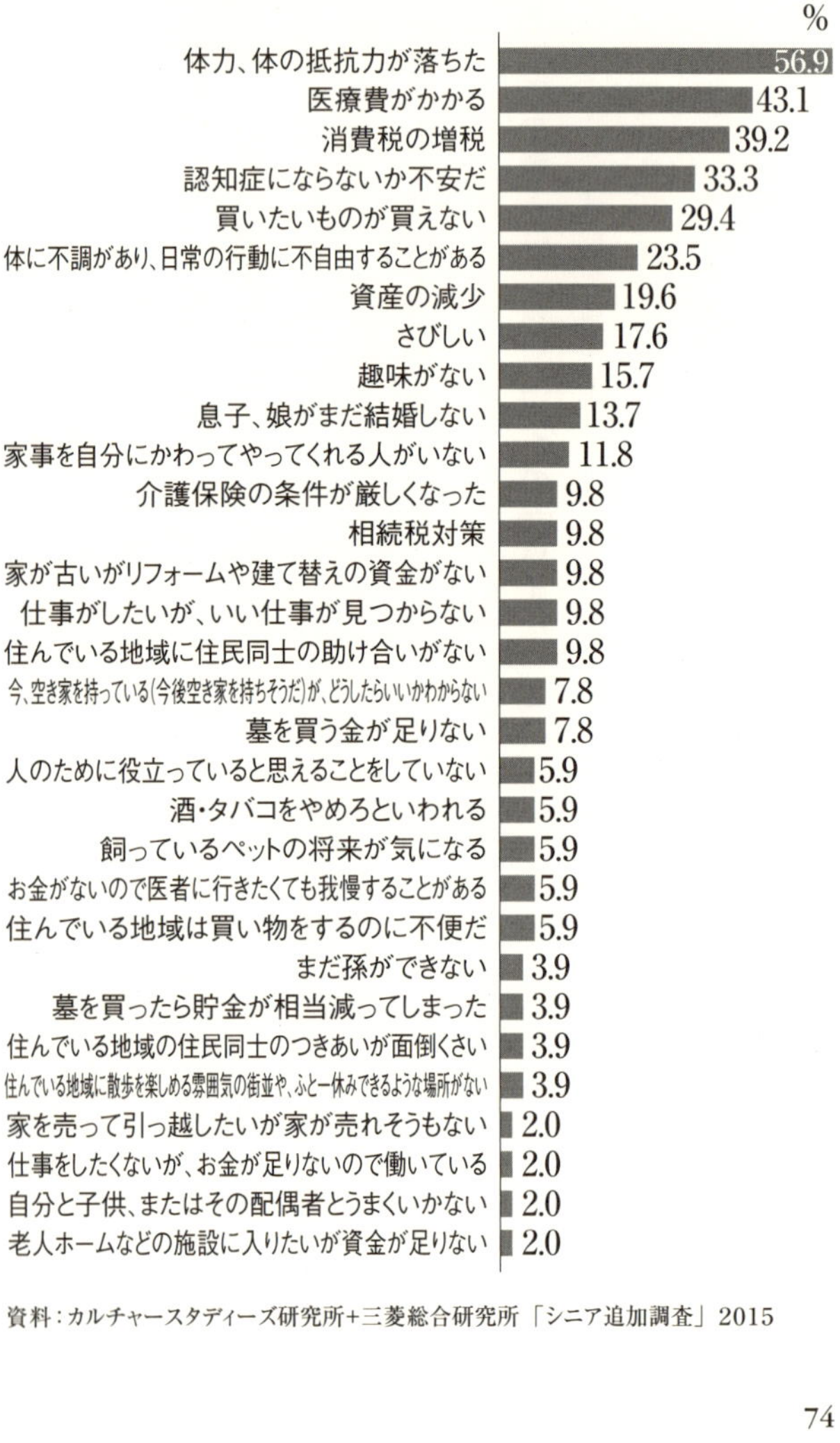
%
体力、体の抵抗力が落ちた
56.9
医療費がかかる
43.1
消費税の増税
39.2
認知症にならないか不安だ
33.3
買いたいものが買えない
29.4
体に不調があり、日常の行動に不自由することがある
23.5
資産の減少
19.6
さびしい
17.6
趣味がない
15.7
息子、娘がまだ結婚しない
13.7
家事を自分にかわってやってくれる人がいない
11.8
介護保険の条件が厳しくなった
9.8
相続税対策
9.8
家が古いがリフォームや建て替えの資金がない
9.8
仕事がしたいが、いい仕事が見つからない
9.8
住んでいる地域に住民同士の助け合いがない
9.8
今、空き家を持っている（今後空き家を持ちそうだ）が、どうしたらいいかわからない
7.8
墓を買う金が足りない
7.8
人のために役立っていると思えることをしていない
5.9
酒・タバコをやめろといわれる
5.9
飼っているペットの将来が気になる
5.9
お金がないので医者に行きたくても我慢することがある
5.9
住んでいる地域は買い物をするのに不便だ
5.9
まだ孫ができない
3.9
墓を買ったら貯金が相当減ってしまった
3.9
住んでいる地域の住民同士のつきあいが面倒くさい
3.9
住んでいる地域に散歩を楽しめる雰囲気の街並や、ふと一休みできるような場所がない
3.9
家を売って引っ越したいが家が売れそうもない
2.0
仕事をしたくないが、お金が足りないので働いている
2.0
自分と子供、またはその配偶者とうまくいかない
2.0
老人ホームなどの施設に入りたいが資金が足りない
2.0

資料：カルチャースタディーズ研究所+三菱総合研究所「シニア追加調査」2015

息子や娘の結婚が気になる

図2－14　「幸せである人」の悩み事
（複数回答、約2%以上の回答のみ）

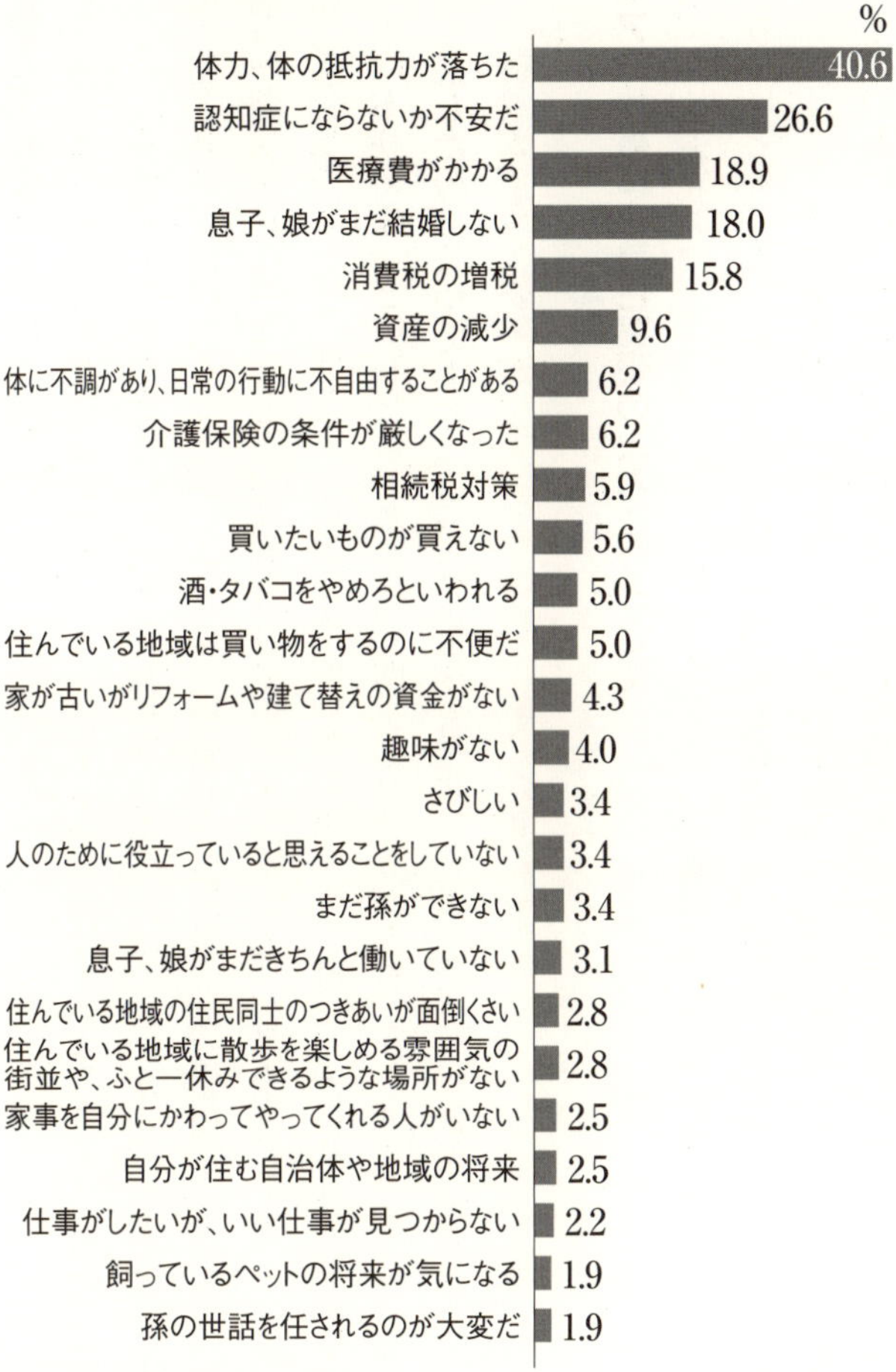
%
体力、体の抵抗力が落ちた 40.6
認知症にならないか不安だ 26.6
医療費がかかる 18.9
息子、娘がまだ結婚しない 18.0
消費税の増税 15.8
資産の減少 9.6
体に不調があり、日常の行動に不自由することがある 6.2
介護保険の条件が厳しくなった 6.2
相続税対策 5.9
買いたいものが買えない 5.6
酒・タバコをやめろといわれる 5.0
住んでいる地域は買い物をするのに不便だ 5.0
家が古いがリフォームや建て替えの資金がない 4.3
趣味がない 4.0
さびしい 3.4
人のために役立っていると思えることをしていない 3.4
まだ孫ができない 3.4
息子、娘がまだきちんと働いていない 3.1
住んでいる地域の住民同士のつきあいが面倒くさい 2.8
住んでいる地域に散歩を楽しめる雰囲気の街並や、ふと一休みできるような場所がない 2.8
家事を自分にかわってやってくれる人がいない 2.5
自分が住む自治体や地域の将来 2.5
仕事がしたいが、いい仕事が見つからない 2.2
飼っているペットの将来が気になる 1.9
孫の世話を任されるのが大変だ 1.9

資料：カルチャースタディーズ研究所+三菱総合研究所「シニア追加調査」2015

なり切実な項目である（図2-15）。

これを見ると、消費税を食品にかけないようにするのは議論するまでもなく当然の措置であろう。むしろ外食も含めた食費はすべて軽減税率にすべきである。それによって不足する税額が1兆3000億円だそうだが、それは金融資産1億円以上の富裕層130万人に平均100万円課税すればちょうど1兆3000億円がまかなえる。竹中平蔵もトリクルダウン（富裕層や大企業にお金を回せば、次第にそのお金が中流や下流にしたたり落ちてくるという意味）はありえないとテレビの討論番組で明言したそうだから（そもそもトリクルダウンすると主張したのは竹中である）、老人の格差を是正するとしたら、富裕層の不動産などの資産への課税が有効であろう。

●シニアの仕事にも自己実現のよろこびが必要

また、「仕事がしたいが、いい仕事が見つからない」「家事を自分にかわってやってくれる人がいない」といった、より生活に即した項目も浮上する。収入、資産が少ない分、まだ働きたいというニーズはあるが、いい仕事がないのである。先ほども述べたように、一億総活躍というのであれば、シニアが、自分が面白い、自分を活かせると思える仕事を見つけられ

下流・不幸老人の悩みはお金

図2−15　幸福度別・悩み事
（金融資産500万円未満の人。主なもの）
〜「幸せではない、どちらともいえない」人が「幸せである」人より多い順

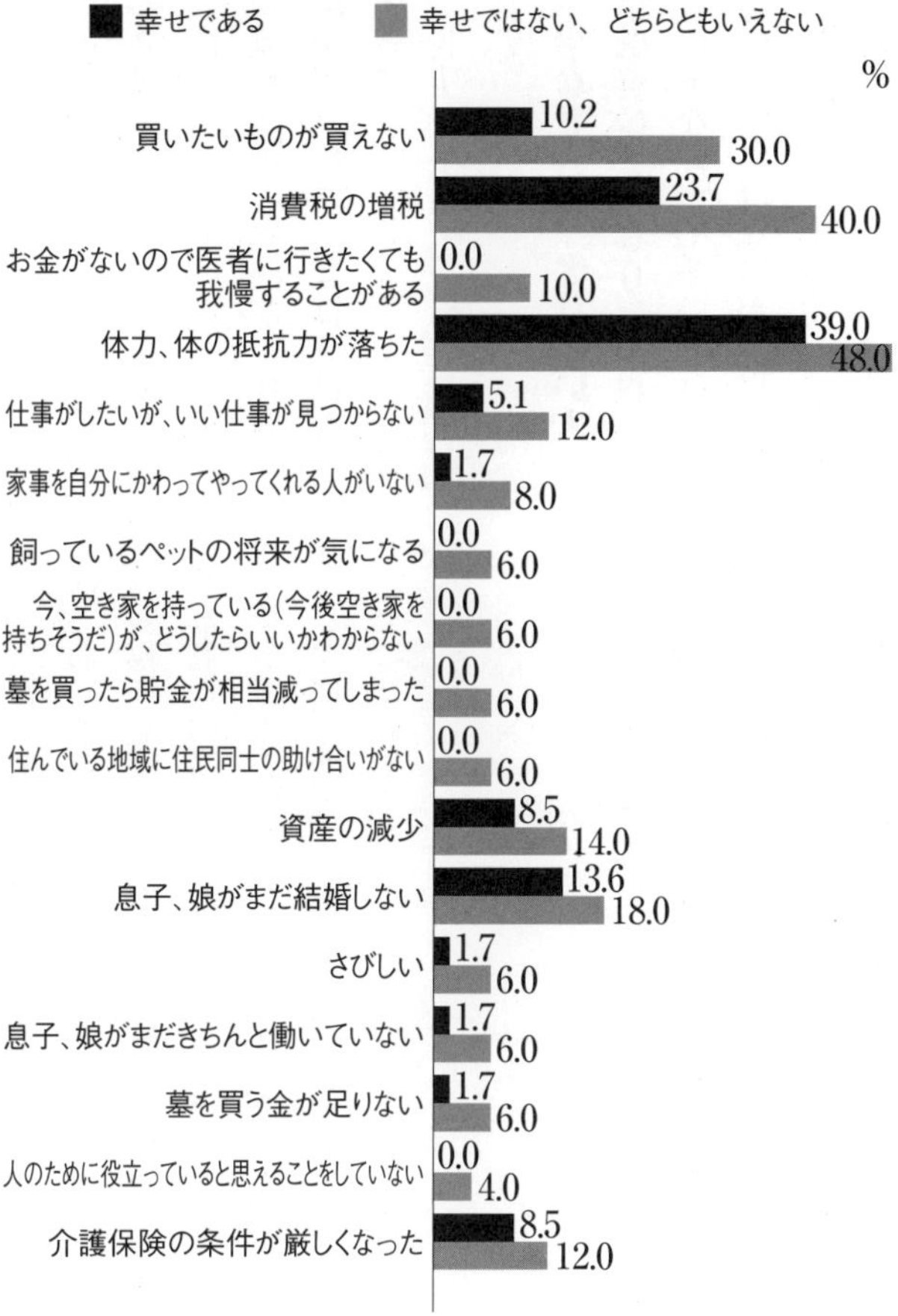

幸せである
幸せではない、どちらともいえない
%
買いたいものが買えない 10.2 30.0
消費税の増税 23.7 40.0
お金がないので医者に行きたくても我慢することがある 0.0 10.0
体力、体の抵抗力が落ちた 39.0 48.0
仕事がしたいが、いい仕事が見つからない 5.1 12.0
家事を自分にかわってやってくれる人がいない 1.7 8.0
飼っているペットの将来が気になる 0.0 6.0
今、空き家を持っている（今後空き家を持ちそうだ）が、どうしたらいいかわからない 0.0 6.0
墓を買ったら貯金が相当減ってしまった 0.0 6.0
住んでいる地域に住民同士の助け合いがない 0.0 6.0
資産の減少 8.5 14.0
息子、娘がまだ結婚しない 13.6 18.0
さびしい 1.7 6.0
息子、娘がまだきちんと働いていない 1.7 6.0
墓を買う金が足りない 1.7 6.0
人のために役立っていると思えることをしていない 0.0 4.0
介護保険の条件が厳しくなった 8.5 12.0

資料：カルチャースタディーズ研究所+三菱総合研究所「シニア追加調査」2015

ることが重要だ。単に労働力不足だから、年金を減らすから働けというのでは、精神的に貧しすぎる。それでは老人を財政難解消の手段として使い尽くそうとしているだけである。年をとってからは、より自己実現的な仕事、人の役に立っていると実感できる仕事をしたいと思うのが人情である。そのことが後述する幸福老人の増加にもつながるはずである。

また、一億総活躍の風潮が、仕事がしたくてもできない老人を役に立たない人間であると見なす風潮を生み出すことは避けなければならない。老人というのは、基本的には、今まで長く生きてきて、苦労してきて、今はもう、そこにいてくれるだけでいいよ、と思われるべきコンサマトリーな存在であるべきだからだ。

●上流で不幸な老人は、さびしい人

他方、金融資産2000万円以上の人の悩み事を幸福度別に比べると、「幸せではない、どちらともいえない」で多いのは「体に不調があり、日常の行動に不自由」であり23％（図2-16）。特に、図にはないが、男性の2000万円以上で幸せでない人は28％が「体に不調があり、日常の行動に不自由」である。

資産が多いということは、現役時代にはバリバリ仕事をして、酒も飲んで、ゴルフもした

上流・不幸老人の悩みは健康と孤独

図2−16　幸福度別・悩み事
（金融資産2000万円以上の人。主なもの）
〜「幸せではない、どちらともいえない」人が「幸せである」人より多い順

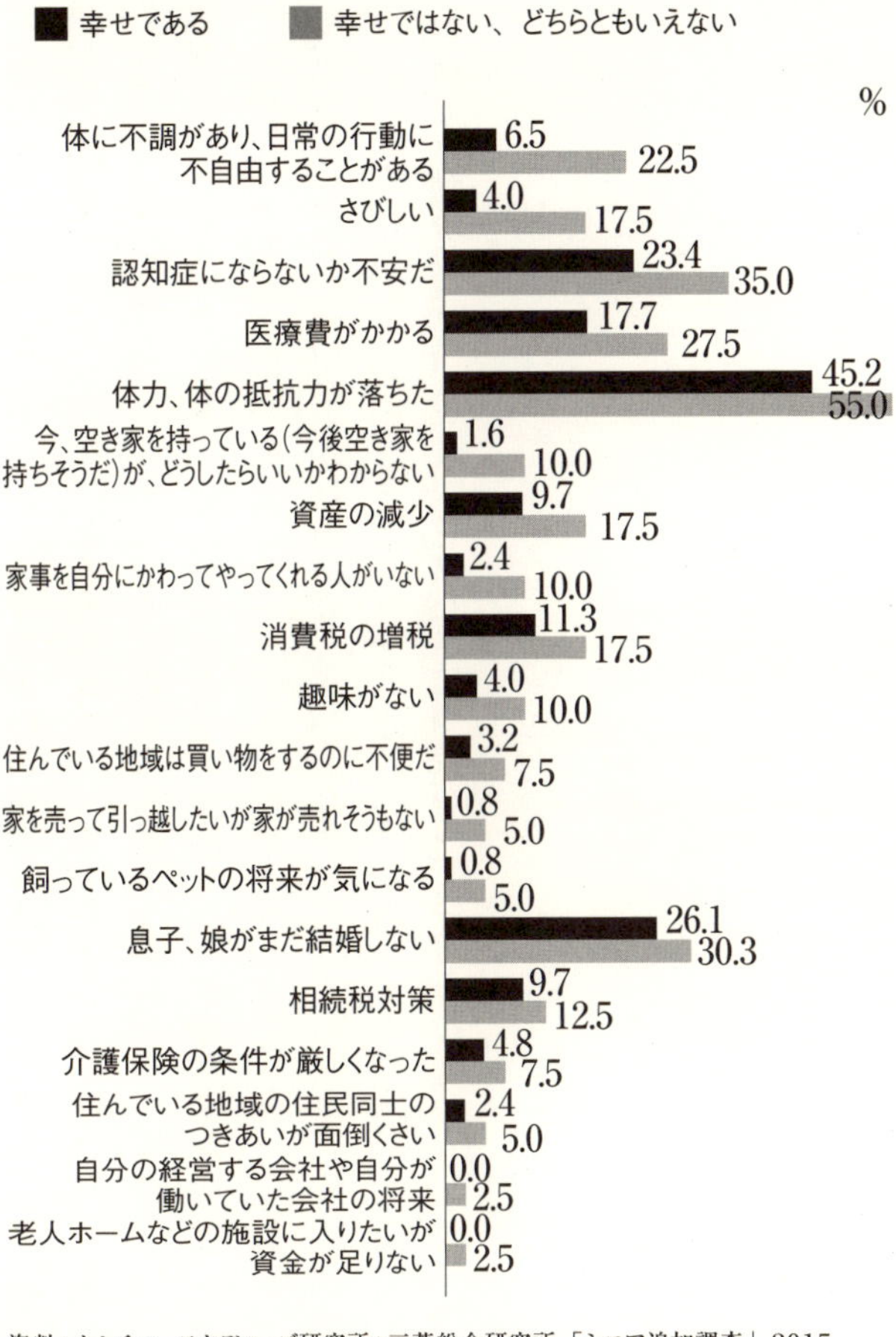

幸せである
幸せではない、どちらともいえない
%
体に不調があり、日常の行動に不自由することがある
6.5
22.5
さびしい
4.0
17.5
認知症にならないか不安だ
23.4
35.0
医療費がかかる
17.7
27.5
体力、体の抵抗力が落ちた
45.2
55.0
今、空き家を持っている（今後空き家を持ちそうだ）が、どうしたらいいかわからない
1.6
10.0
資産の減少
9.7
17.5
家事を自分にかわってやってくれる人がいない
2.4
10.0
消費税の増税
11.3
17.5
趣味がない
4.0
10.0
住んでいる地域は買い物をするのに不便だ
3.2
7.5
家を売って引っ越したいが家が売れそうもない
0.8
5.0
飼っているペットの将来が気になる
0.8
5.0
息子、娘がまだ結婚しない
26.1
30.3
相続税対策
9.7
12.5
介護保険の条件が厳しくなった
4.8
7.5
住んでいる地域の住民同士のつきあいが面倒くさい
2.4
5.0
自分の経営する会社や自分が働いていた会社の将来
0.0
2.5
老人ホームなどの施設に入りたいが資金が足りない
0.0
2.5

資料：カルチャースタディーズ研究所+三菱総合研究所「シニア追加調査」2015

という男性ではないかと思うが、それが急に健康上の理由で自由に行動できなくなったために、非常に大きな不満となっているのであろう。女性も、お金がある人のほうが、自由に好きなことをしていたはずであり、それができなくなると大きな不満になるのであろう。

また、「認知症にならないか」も多く35％（幸せな人では23％）、「医療費がかかる」は28％（幸せな人では18％）である。たしかに資産2０００万円以上で「幸せでない、どちらともいえない」人の医療費は20万円以上が18％あり、平均より多い。

また「さびしい」も18％と多い（幸せな人では4％）。お金があっても、主として健康を害したことが理由で行動が狭まり、それがさびしさにつながっているらしい。

第3章

何が人生の失敗か。どういう人が幸福か

●もっと遊び、もっと恋愛をしたかった

自分の人生を振り返り、後悔することは誰でもたくさんあるはずだ。そこで、「これまでの人生で失敗した、もう少しうまくやるべきだったと思うこと」を選んでもらった。

全体では「もっと貯金、資産を増やしておくべきだった」がダントツで38％（図3－1）。やはり老後にお金がかかることを気にしているのだ。

次いで「もっと遊んでおくべきだった」「もっと恋愛をしておけばよかった」「もっと仕事中心ではなく、プライベートを大事にすればよかった」も1割を超えた。

自由回答では、まず自分自身については「学生時代もっと勉強しておけばよかった」「自分の趣味が中途半端に終わった」「英会話をもっとマスターするべきだった」「これまで贅沢しすぎた」「結婚が失敗だった」「家を建て替える時期をまちがえた」「食生活をうまくやるべきだった」「自分が病気して50歳から働かなくなってしまった」。

仕事については「転職先をまちがえた」「事業上でのつきあいをよく考えるべきだった」。子供については「子供が働かない」「子供の学校の選び方」「息子の病気を治してやれなかった」。親については「親にお金をかけすぎて自分の今が大変」が挙がった。

やはり失敗は、もっとお金を貯めておくべきだったこと

図3−1　人生での失敗（複数回答）

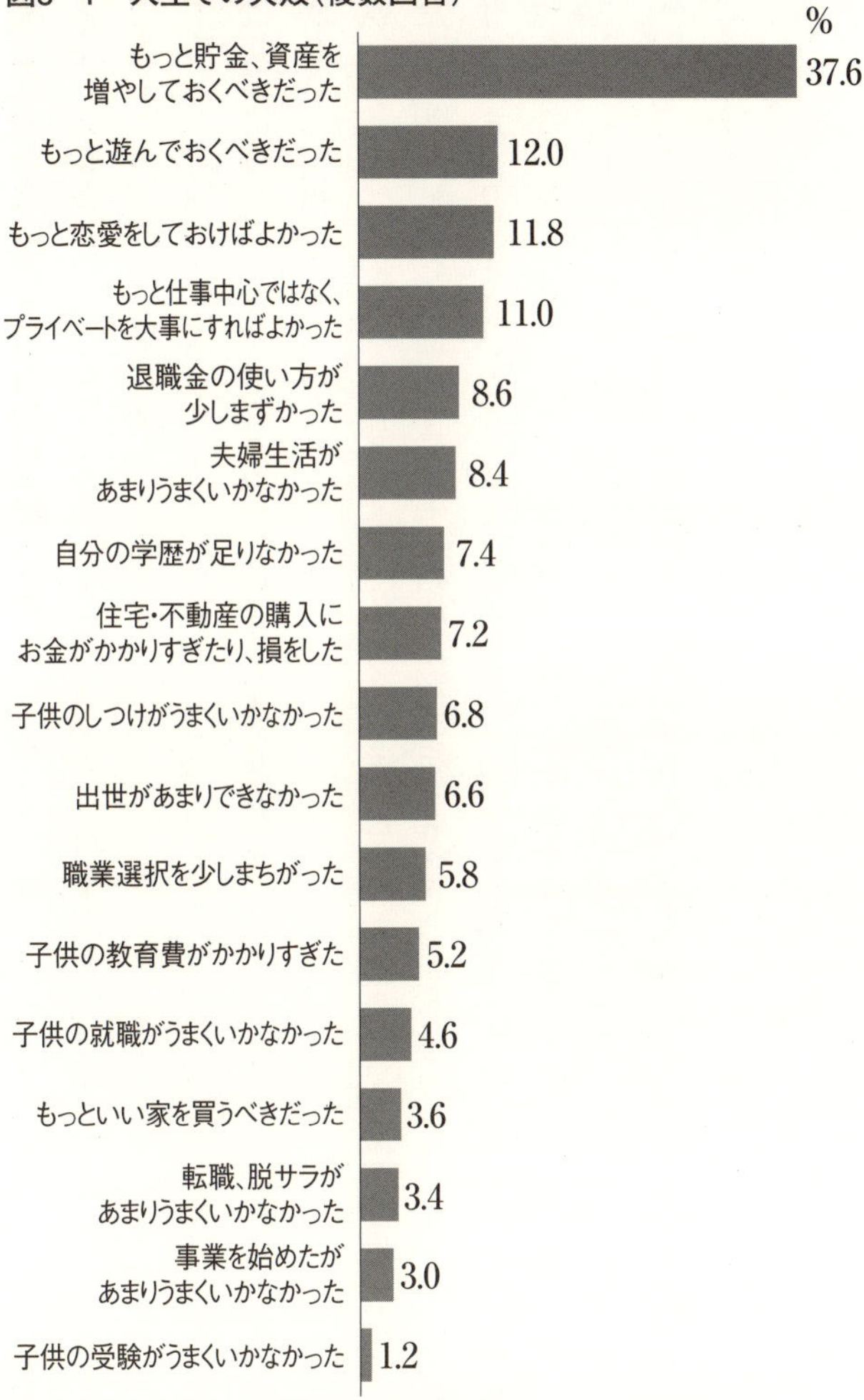
%
もっと貯金、資産を増やしておくべきだった 37.6
もっと遊んでおくべきだった 12.0
もっと恋愛をしておけばよかった 11.8
もっと仕事中心ではなく、プライベートを大事にすればよかった 11.0
退職金の使い方が少しまずかった 8.6
夫婦生活があまりうまくいかなかった 8.4
自分の学歴が足りなかった 7.4
住宅・不動産の購入にお金がかかりすぎたり、損をした 7.2
子供のしつけがうまくいかなかった 6.8
出世があまりできなかった 6.6
職業選択を少しまちがった 5.8
子供の教育費がかかりすぎた 5.2
子供の就職がうまくいかなかった 4.6
もっといい家を買うべきだった 3.6
転職、脱サラがあまりうまくいかなかった 3.4
事業を始めたがあまりうまくいかなかった 3.0
子供の受験がうまくいかなかった 1.2

資料：カルチャースタディーズ研究所+三菱総合研究所「シニア追加調査」2015

●幸せになれない最大の要因は夫婦生活

人生への後悔は今「幸せではない」人のほうが多いはずだから、「幸せではない」人が「幸せである」人より多い順に並べてみた。

すると「夫婦生活があまりうまくいかなかった」が1位に浮上した。「幸せではない人」では28％に対して「幸せ」な人では3％と大きく差が開く（図3-2）。やはり、人生の成否のかなりは結婚で決まるのだ。

次いで「もっと貯金、資産を増やしておくべきだった」が55％、「自分の学歴が足りなかった」が20％。少し下位で、「事業を始めたがあまりうまくいかなかった」が12％、「転職、脱サラがあまりうまくいかなかった」が12％、「退職金の使い方が少しまずかった」が16％だった。このへんはおしなべて経済的な失敗に関するものである。

さらに「子供のしつけがうまくいかなかった」が16％あり、「もっと遊んでおくべきだった」「もっと恋愛をしておけばよかった」はいずれも22％と、若いころの生活を後悔しているようである。

夫婦関係、学歴、遊び、恋愛が不足

図3−2　人生での失敗（複数回答）
～「幸せでない」人が「幸せである」人より多い項目順

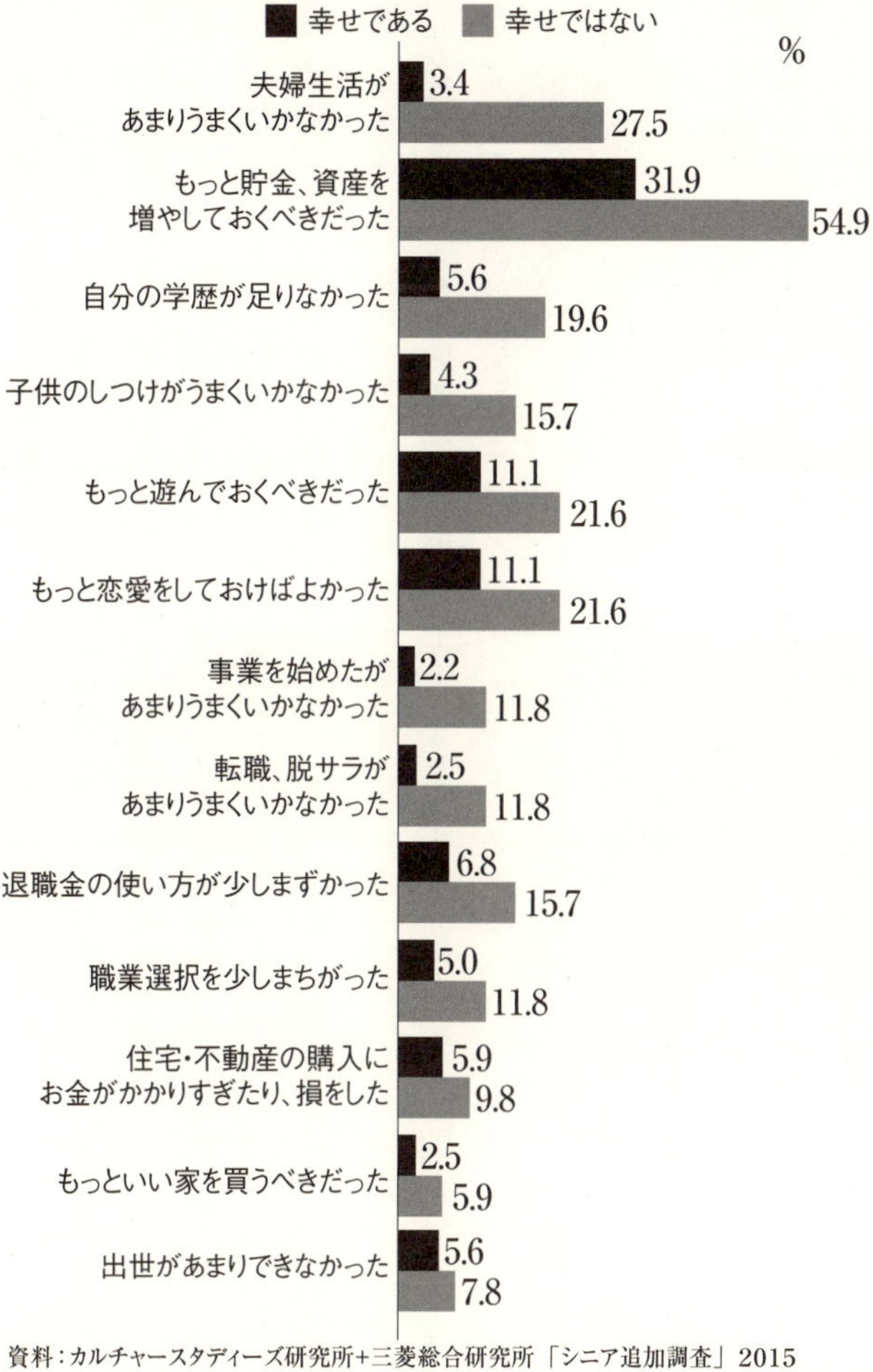

幸せである
幸せではない
%
夫婦生活があまりうまくいかなかった
3.4
27.5
もっと貯金、資産を増やしておくべきだった
31.9
54.9
自分の学歴が足りなかった
5.6
19.6
子供のしつけがうまくいかなかった
4.3
15.7
もっと遊んでおくべきだった
11.1
21.6
もっと恋愛をしておけばよかった
11.1
21.6
事業を始めたがあまりうまくいかなかった
2.2
11.8
転職、脱サラがあまりうまくいかなかった
2.5
11.8
退職金の使い方が少しまずかった
6.8
15.7
職業選択を少しまちがった
5.0
11.8
住宅・不動産の購入にお金がかかりすぎたり、損をした
5.9
9.8
もっといい家を買うべきだった
2.5
5.9
出世があまりできなかった
5.6
7.8

資料：カルチャースタディーズ研究所+三菱総合研究所「シニア追加調査」2015

●学歴、恋愛、結婚に後悔する女性が多い

次に、人生の失敗を男女別に見ると、男性が女性より多いのは「もっと仕事中心ではなく、プライベートを大事にすればよかった」「もっと貯金、資産を増やしておくべきだった」「出世があまりできなかった」「もっといい家を買うべきだった」「職業選択を少しまちがった」「もっと恋愛をしておけばよかった」「転職、脱サラがあまりうまくいかなかった」「事業を始めたがあまりうまくいかなかった」だった（図3-3）。やはり男性は、仕事、住宅というお金に関わることでの失敗を感じている。

逆に、女性が男性より多いのは「夫婦生活があまりうまくいかなかった」「自分の学歴が足りなかった」「子供の就職がうまくいかなかった」である。

さらに「幸せではない」「どちらでもない」と回答した男女で男女の差が大きい順に並べてみると、「幸せではない」女性で多いのは「もっと遊んでおくべきだった」「自分の学歴が足りなかった」「夫婦生活があまりうまくいかなかった」「子供の就職がうまくいかなかった」「もっと恋愛をしておけばよかった」だった（図3-4）。

現在のシニアの女性は、まだ見合い結婚も少なくなく、また学歴を制限され、大学進学率はまだ低く、学校卒業から結婚・出産までの期間が短く、結婚前に独身貴族時代を過ごした

男性はプライベート、女性は夫婦関係に後悔

図3−3　男女別・人生での失敗〜男女差順（複数回答）

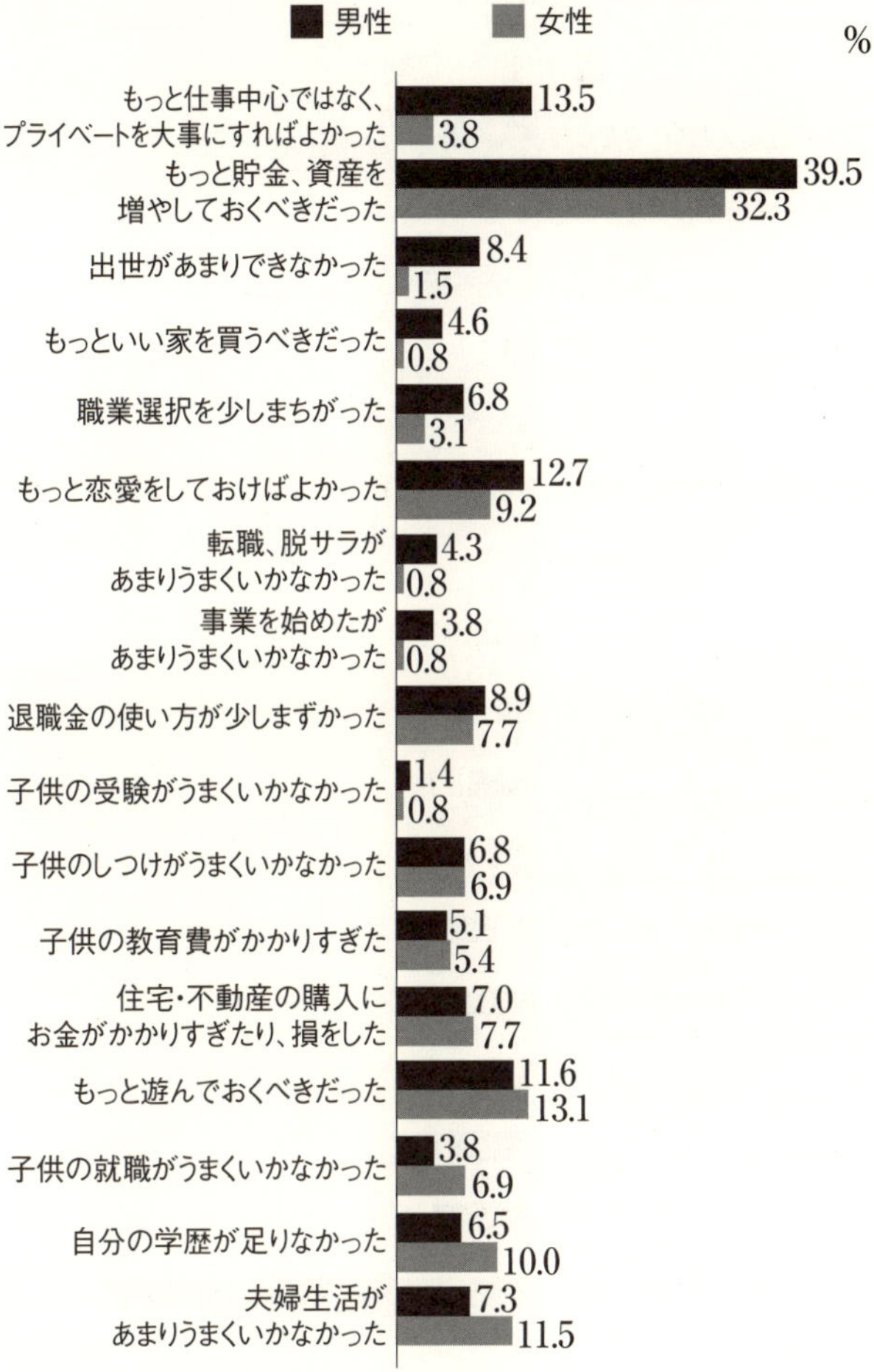

男性
女性
%
もっと仕事中心ではなく、プライベートを大事にすればよかった
13.5
3.8
もっと貯金、資産を増やしておくべきだった
39.5
32.3
出世があまりできなかった
8.4
1.5
もっといい家を買うべきだった
4.6
0.8
職業選択を少しまちがった
6.8
3.1
もっと恋愛をしておけばよかった
12.7
9.2
転職、脱サラがあまりうまくいかなかった
4.3
0.8
事業を始めたがあまりうまくいかなかった
3.8
0.8
退職金の使い方が少しまずかった
8.9
7.7
子供の受験がうまくいかなかった
1.4
0.8
子供のしつけがうまくいかなかった
6.8
6.9
子供の教育費がかかりすぎた
5.1
5.4
住宅・不動産の購入にお金がかかりすぎたり、損をした
7.0
7.7
もっと遊んでおくべきだった
11.6
13.1
子供の就職がうまくいかなかった
3.8
6.9
自分の学歴が足りなかった
6.5
10.0
夫婦生活があまりうまくいかなかった
7.3
11.5

資料：カルチャースタディーズ研究所+三菱総合研究所「シニア追加調査」2015

女性は学歴、恋愛、結婚、男性は資産、出世、仕事だけの生活に後悔

図3―4　男女別・幸せではない男女が人生で失敗したこと 〜男女差順（複数回答）

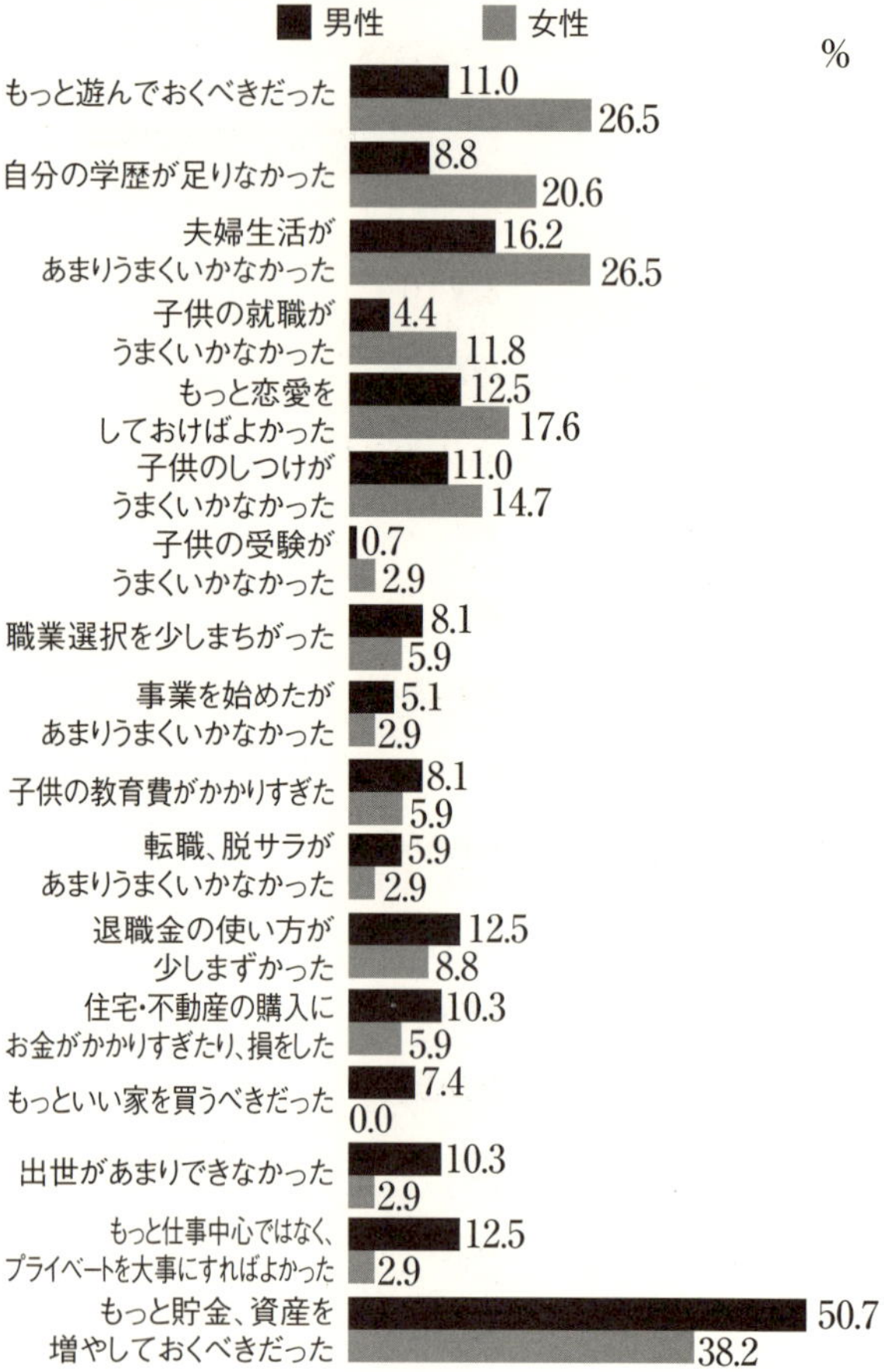
男性
女性
%
もっと遊んでおくべきだった
11.0
26.5
自分の学歴が足りなかった
8.8
20.6
夫婦生活が
あまりうまくいかなかった
16.2
26.5
子供の就職が
うまくいかなかった
4.4
11.8
もっと恋愛を
しておけばよかった
12.5
17.6
子供のしつけが
うまくいかなかった
11.0
14.7
子供の受験が
うまくいかなかった
0.7
2.9
職業選択を少しまちがった
8.1
5.9
事業を始めたが
あまりうまくいかなかった
5.1
2.9
子供の教育費がかかりすぎた
8.1
5.9
転職、脱サラが
あまりうまくいかなかった
5.9
2.9
退職金の使い方が
少しまずかった
12.5
8.8
住宅・不動産の購入に
お金がかかりすぎたり、損をした
10.3
5.9
もっといい家を買うべきだった
7.4
0.0
出世があまりできなかった
10.3
2.9
もっと仕事中心ではなく、
プライベートを大事にすればよかった
12.5
2.9
もっと貯金、資産を
増やしておくべきだった
50.7
38.2

資料：カルチャースタディーズ研究所+三菱総合研究所「シニア追加調査」2015

人は少ないからである。

●お金があっても愛がなかった上流・不幸老人

では、金融資産別に人生の失敗と感じていることを集計すると、当然ながら資産が500万円未満のシニアは「もっと貯金、資産を増やしておくべきだった」が57％もある。「退職金の使い方が少しまずかった」も15％で金融資産2000万円以上のシニアとの差が大きい（図3-5）。

また、金融資産別・幸福度別に見ると、金融資産2000万円以上の人で「幸せではない、どちらともいえない」人が「幸せである」人よりも失敗だと思っていることは「夫婦生活があまりうまくいかなかった」「もっと恋愛をしておけばよかった」である。特に「夫婦生活」は30％対1・6％という大きな差がある（図3-6）。

また「子供のしつけがうまくいかなかった」も「幸せではない人」では15％あり、「幸せである人」の5％と差が大きい。資産があっても幸福でない人は、恋愛、夫婦、子供といった家族面での後悔が多いのである。だから『家族という病』といった種類の本が売れるのであろう。

対して資産500万円未満で「幸せではない、どちらともいえない」人が「幸せな人」よりも人生の失敗だと考える第1位は、2000万円以上と同様に「夫婦生活」である（図3-7）。しかしその差は18％対5％であり、2000万円以上の人では差が30％対1・6％だったのと比べると小さい。下流老人は夫婦生活の失敗よりも別の失敗があるのだ。

それは「自分の学歴が足りなかった」であり、同じく18％いる。このほうが、下流老人らしい結果であろう。

このように見てくると、上流老人は学歴もあり、仕事では成功したが、画竜点睛を欠くがごとく夫婦生活に失敗したり、子育てに失敗したり、あるいは健康を害して自由に動けなくなったりすると俄然不幸感が強まる、と言うことができる。

そこで次に、もう少し基本的な金融資産、婚姻状態、家族構成などの要素から、幸福度を見ていく。

上流老人の失敗は家族、下流老人の失敗は貯金

図3−5　金融資産別・人生での失敗（金融資産500万円未満が2000万円以上より多い順。複数回答）

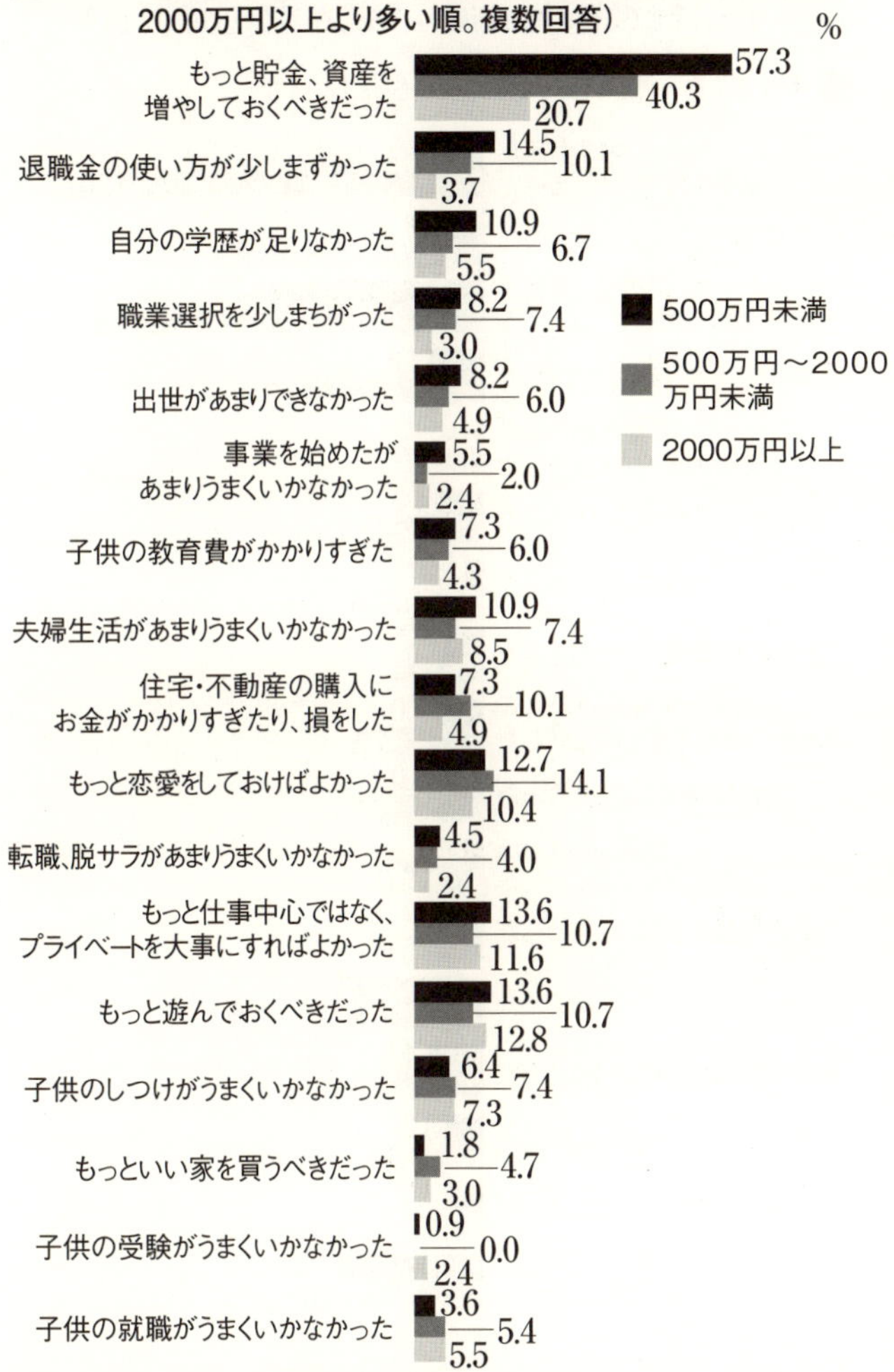
%
もっと貯金、資産を増やしておくべきだった
57.3
40.3
20.7
退職金の使い方が少しまずかった
14.5
10.1
3.7
自分の学歴が足りなかった
10.9
6.7
5.5
職業選択を少しまちがった
8.2
7.4
3.0
出世があまりできなかった
8.2
6.0
4.9
事業を始めたがあまりうまくいかなかった
5.5
2.0
2.4
子供の教育費がかかりすぎた
7.3
6.0
4.3
夫婦生活があまりうまくいかなかった
10.9
7.4
8.5
住宅・不動産の購入にお金がかかりすぎたり、損をした
7.3
10.1
4.9
もっと恋愛をしておけばよかった
12.7
14.1
10.4
転職、脱サラがあまりうまくいかなかった
4.5
4.0
2.4
もっと仕事中心ではなく、プライベートを大事にすればよかった
13.6
10.7
11.6
もっと遊んでおくべきだった
13.6
10.7
12.8
子供のしつけがうまくいかなかった
6.4
7.4
7.3
もっといい家を買うべきだった
1.8
4.7
3.0
子供の受験がうまくいかなかった
0.9
0.0
2.4
子供の就職がうまくいかなかった
3.6
5.4
5.5
500万円未満
500万円～2000万円未満
2000万円以上

資料：カルチャースタディーズ研究所+三菱総合研究所「シニア追加調査」2015

夫婦、恋愛、子供で失敗すると上流でも不幸老人に

図3−6　幸福度別・これまでの人生で失敗したこと（複数回答。金融資産2000万円以上の人。「幸せである」と「幸せではない、どちらともいえない」の差が大きい順）

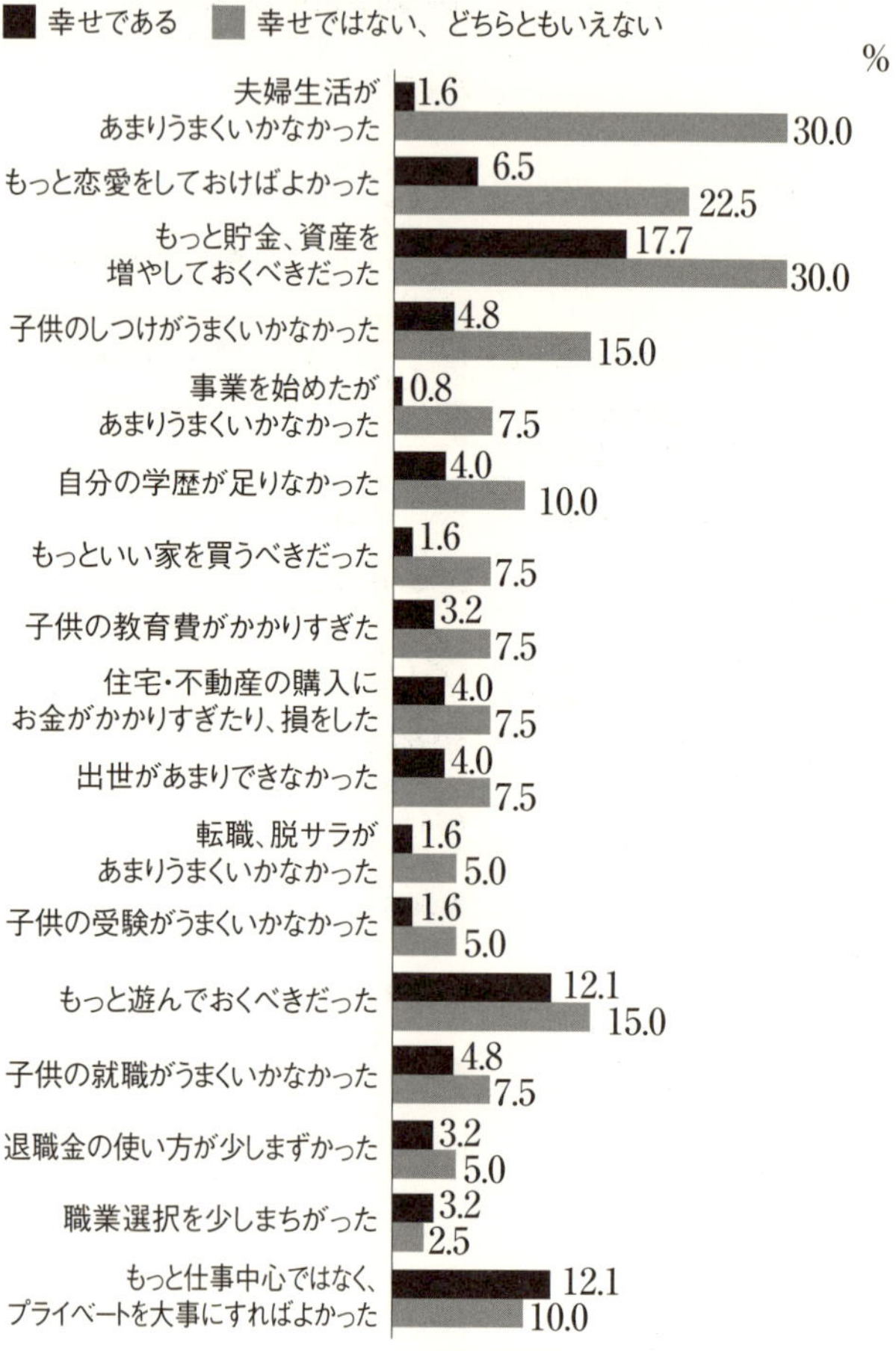
幸せである
幸せではない、どちらともいえない
%
夫婦生活があまりうまくいかなかった
1.6
30.0
もっと恋愛をしておけばよかった
6.5
22.5
もっと貯金、資産を増やしておくべきだった
17.7
30.0
子供のしつけがうまくいかなかった
4.8
15.0
事業を始めたがあまりうまくいかなかった
0.8
7.5
自分の学歴が足りなかった
4.0
10.0
もっといい家を買うべきだった
1.6
7.5
子供の教育費がかかりすぎた
3.2
7.5
住宅・不動産の購入にお金がかかりすぎたり、損をした
4.0
7.5
出世があまりできなかった
4.0
7.5
転職、脱サラがあまりうまくいかなかった
1.6
5.0
子供の受験がうまくいかなかった
1.6
5.0
もっと遊んでおくべきだった
12.1
15.0
子供の就職がうまくいかなかった
4.8
7.5
退職金の使い方が少しまずかった
3.2
5.0
職業選択を少しまちがった
3.2
2.5
もっと仕事中心ではなく、プライベートを大事にすればよかった
12.1
10.0

資料：カルチャースタディーズ研究所＋三菱総合研究所「シニア追加調査」2015

学歴の低さが下流老人の失敗の原因

図3−7　幸福度別・これまでの人生で失敗したこと（複数回答。金融資産500万円未満の人。「幸せである」と「幸せではない、どちらともいえない」の差が大きい順）

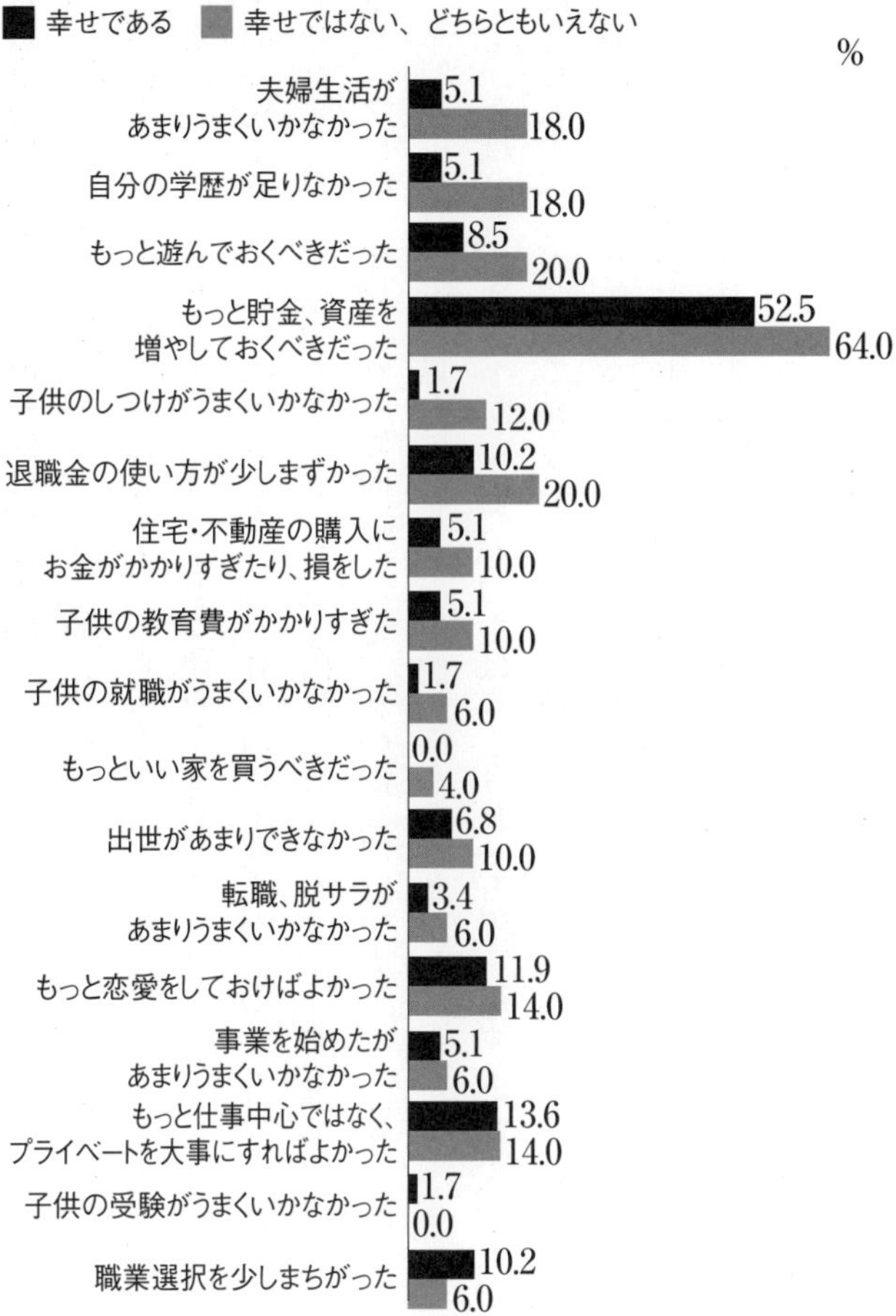

幸せである
幸せではない、どちらともいえない
%
夫婦生活があまりうまくいかなかった 5.1 18.0
自分の学歴が足りなかった 5.1 18.0
もっと遊んでおくべきだった 8.5 20.0
もっと貯金、資産を増やしておくべきだった 52.5 64.0
子供のしつけがうまくいかなかった 1.7 12.0
退職金の使い方が少しまずかった 10.2 20.0
住宅・不動産の購入にお金がかかりすぎたり、損をした 5.1 10.0
子供の教育費がかかりすぎた 5.1 10.0
子供の就職がうまくいかなかった 1.7 6.0
もっといい家を買うべきだった 0.0 4.0
出世があまりできなかった 6.8 10.0
転職、脱サラがあまりうまくいかなかった 3.4 6.0
もっと恋愛をしておけばよかった 11.9 14.0
事業を始めたがあまりうまくいかなかった 5.1 6.0
もっと仕事中心ではなく、プライベートを大事にすればよかった 13.6 14.0
子供の受験がうまくいかなかった 1.7 0.0
職業選択を少しまちがった 10.2 6.0

資料：カルチャースタディーズ研究所+三菱総合研究所「シニア追加調査」2015

●年収600万円を超えても幸福度は増えない

個人の年収と幸福度の相関を見ると、基本的に年収が高くなるほど幸福度が上がる。ただし600万円を超えると幸福度は伸び悩む。「とても幸せ」に限れば、1200万円以上で15％と増えるが、「幸せである」と合計すると78％であり、800万円〜1200万円未満のシニアの82％よりも少ない（図3-8）。600万円以上収入があることは、幸福度にとってはあまり意味のないお金であり、1200万円以上あってもますます意味がないらしい。

これはシニアに限らず見られる傾向であって、私の調査経験でも、30〜40代の年齢層であっても、年収が1000万円以上になると幸福度が下がることがしばしばある。また、男性は年収が上がるほど既婚率が上がるのだが、やはり1000万円を超すと既婚率が下がる傾向も、ほとんどすべての調査で見られた。詳しい理由はなぜなのかわからないが、どうも年収800万円というのが最も幸福なラインらしいのだ。

また、年収と幸福度が比例するとはいえ、年収が低いシニアでも幸福である人は過半数いる。200万円〜300万円未満のシニアでもほぼ3分の2は幸せである。そしてこの年収階層のシニアが実数では最も多い。最も人口が多い年収階層のシニアの3分の2が幸せであると感じられる社会は、今のところは、そんなに悪い社会ではないと言えるのだろう。

年収と幸福度はだいたい比例するが……

図3―8　年収別・幸福度

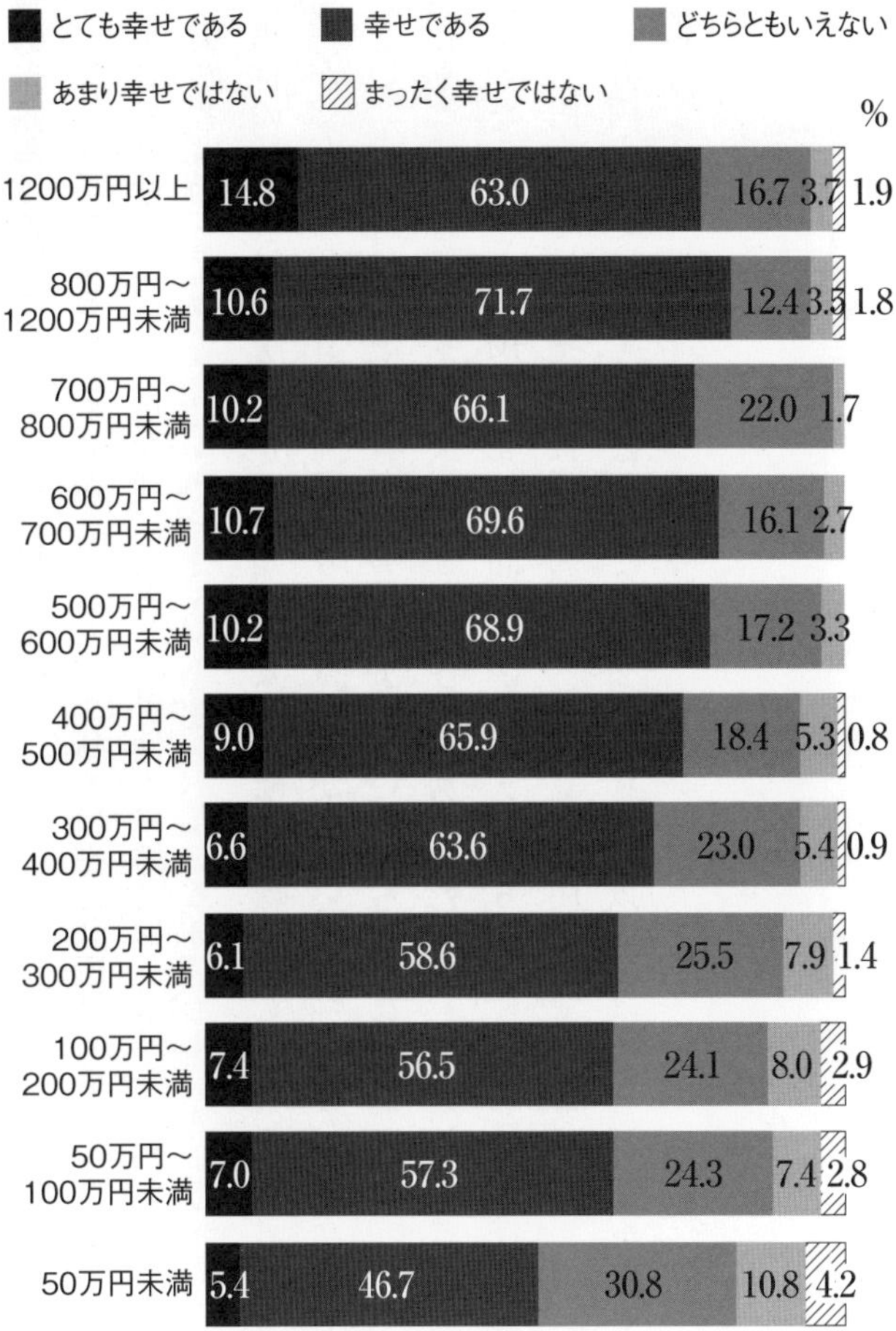

とても幸せである
幸せである
どちらともいえない
あまり幸せではない
まったく幸せではない
%
1200万円以上 14.8 63.0 16.7 3.7 1.9
800万円～1200万円未満 10.6 71.7 12.4 3.5 1.8
700万円～800万円未満 10.2 66.1 22.0 1.7
600万円～700万円未満 10.7 69.6 16.1 2.7
500万円～600万円未満 10.2 68.9 17.2 3.3
400万円～500万円未満 9.0 65.9 18.4 5.3 0.8
300万円～400万円未満 6.6 63.6 23.0 5.4 0.9
200万円～300万円未満 6.1 58.6 25.5 7.9 1.4
100万円～200万円未満 7.4 56.5 24.1 8.0 2.9
50万円～100万円未満 7.0 57.3 24.3 7.4 2.8
50万円未満 5.4 46.7 30.8 10.8 4.2

資料：三菱総合研究所「シニア調査」2015

●男性の未婚者は資産が多くても幸福度が低い

まず、配偶関係による幸福度の差を見ると、全体ではやはり既婚者の幸福度が高く、離別者と未婚者では低い。だが、男女別に見ると、男性の未婚者は「幸せ」が40％弱であるが、女性の未婚者は60％であり、大きな差がある（図3-9、3-10）。

また男性の離別者は「幸せ」が35％だが、女性の離別者は56％、男性の死別者は「幸せ」が41％だが、女性の死別者は68％であり、やはり差が大きい。男性は一人では幸せになりにくいらしい。世代的に家事ができない男性がまだ多いことも大きな要因であろう。

さらにそこに金融資産をクロスすると、男性の離別者や死別者、女性の未婚者、離別者で、資産が多くなるほど幸福度が上がる傾向が顕著である（図3-9、3-10）。男性離別者の資産500万円未満では「幸せ」は40％弱だが、2000万円以上では57％だし、男性死別者の500万円未満では「幸せ」は30％だが、2000万円以上では62％と、30ポイントも開きがある。

男性未婚者は資産が多くても幸せになりにくい

図3−9　男性の配偶関係別・金融資産別・幸福度

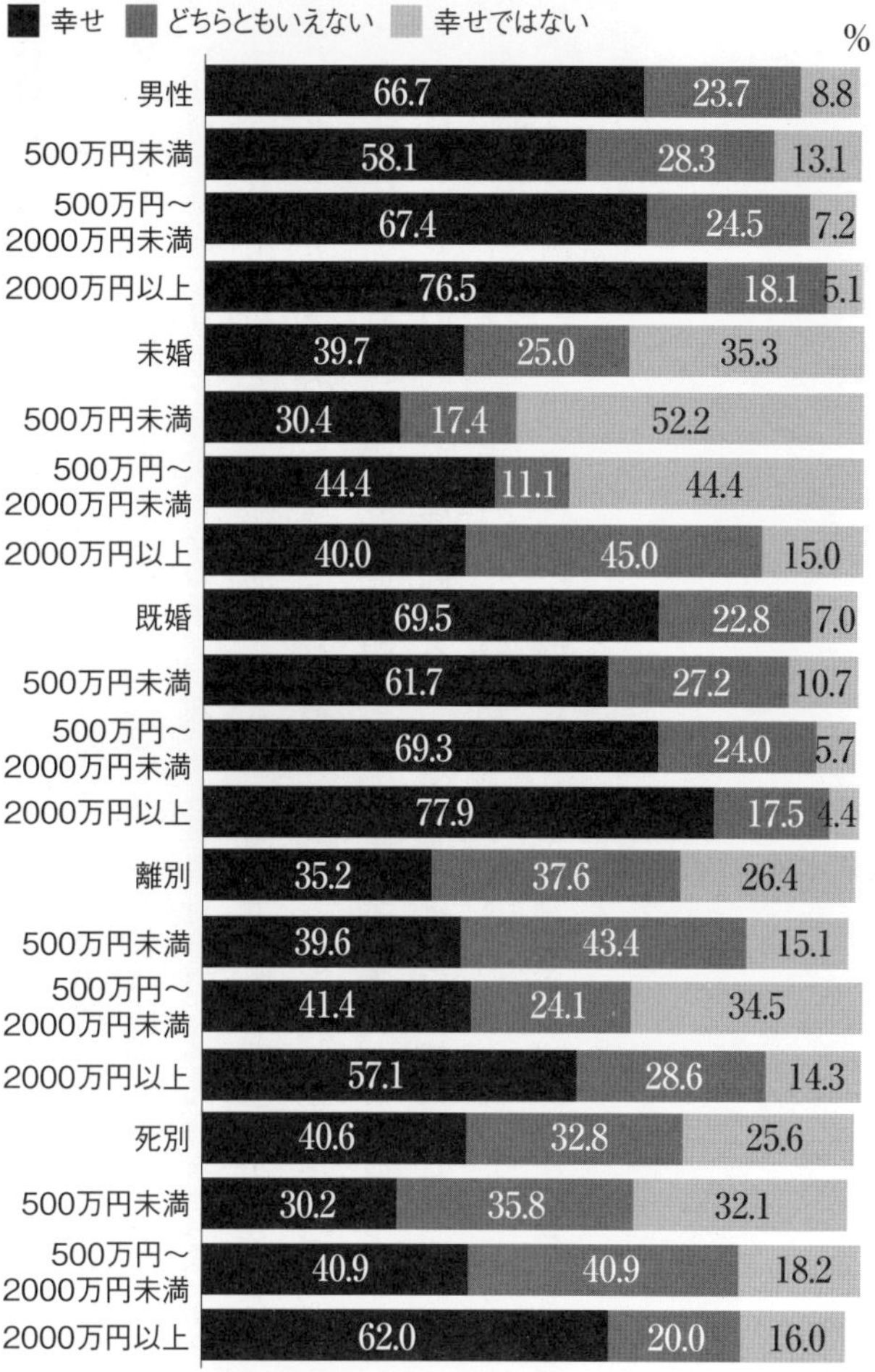

幸せ
どちらともいえない
幸せではない
%
男性 66.7 23.7 8.8
500万円未満 58.1 28.3 13.1
500万円〜2000万円未満 67.4 24.5 7.2
2000万円以上 76.5 18.1 5.1
未婚 39.7 25.0 35.3
500万円未満 30.4 17.4 52.2
500万円〜2000万円未満 44.4 11.1 44.4
2000万円以上 40.0 45.0 15.0
既婚 69.5 22.8 7.0
500万円未満 61.7 27.2 10.7
500万円〜2000万円未満 69.3 24.0 5.7
2000万円以上 77.9 17.5 4.4
離別 35.2 37.6 26.4
500万円未満 39.6 43.4 15.1
500万円〜2000万円未満 41.4 24.1 34.5
2000万円以上 57.1 28.6 14.3
死別 40.6 32.8 25.6
500万円未満 30.2 35.8 32.1
500万円〜2000万円未満 40.9 40.9 18.2
2000万円以上 62.0 20.0 16.0

注：各配偶関係の「合計」には資産が「不明」の人を含む。
資料：三菱総合研究所「シニア調査」2015

●女性は離別、死別でも資産があれば幸福

女性離別者も、５００万円未満では「幸せ」は53％だが、２０００万円以上では82％と、やはり30ポイント近くも開きがある（図3－10）。こういう女性は離別してキャリアウーマンとしてバリバリ働いて資産を形成したのか、それとも慰謝料をたくさんもらったのか？

図にはないが、集計してみると、離別し、５００万円以上資産があり、かつ幸福な女性のこれまでの主な職業で多いのは会社員である。現在のシニア女性としては珍しいキャリアウーマンが、離婚と引き替えに資産を得て幸福となったケースがある、ということである。

このように、独り身の、特に女性の高齢者の幸福度を上げるためには、資産を多くすることが有効である。今後、未婚、離別、死別の高齢者がますます増えるだろうから、そうなりそうな人々は、計画的に老後までに資産を形成しておく必要がある、ということになる。

女性は離別、死別でも資産2000万円以上あれば幸せ

図3−10　女性の配偶関係別・金融資産別・幸福度

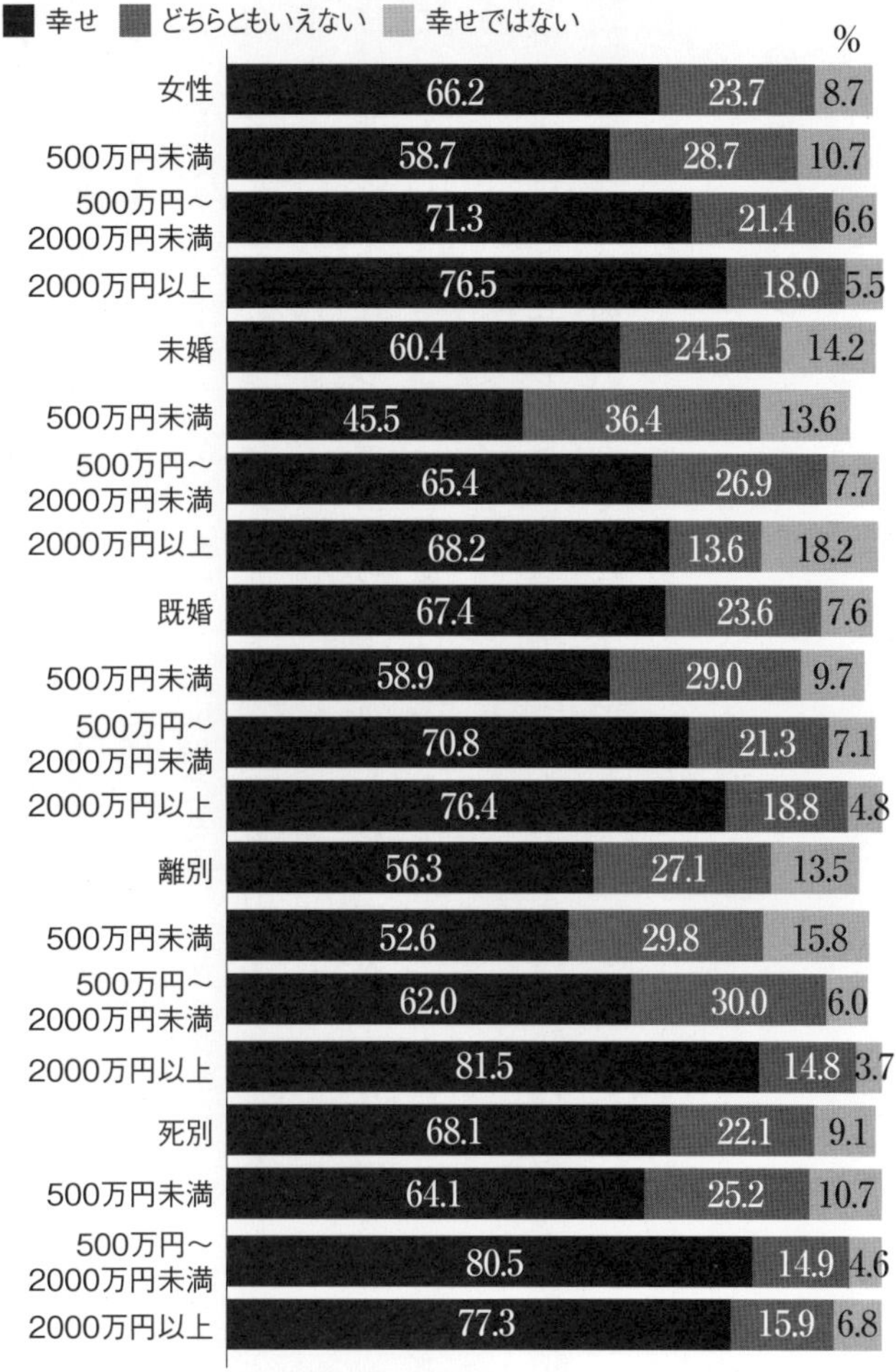

幸せ
どちらともいえない
幸せではない
%
女性
66.2
23.7
8.7
500万円未満
58.7
28.7
10.7
500万円〜2000万円未満
71.3
21.4
6.6
2000万円以上
76.5
18.0
5.5
未婚
60.4
24.5
14.2
500万円未満
45.5
36.4
13.6
500万円〜2000万円未満
65.4
26.9
7.7
2000万円以上
68.2
13.6
18.2
既婚
67.4
23.6
7.6
500万円未満
58.9
29.0
9.7
500万円〜2000万円未満
70.8
21.3
7.1
2000万円以上
76.4
18.8
4.8
離別
56.3
27.1
13.5
500万円未満
52.6
29.8
15.8
500万円〜2000万円未満
62.0
30.0
6.0
2000万円以上
81.5
14.8
3.7
死別
68.1
22.1
9.1
500万円未満
64.1
25.2
10.7
500万円〜2000万円未満
80.5
14.9
4.6
2000万円以上
77.3
15.9
6.8

注：各配偶関係の「合計」には資産が「不明」の人を含む。
資料：三菱総合研究所「シニア調査」2015

●パラサイトシングルと同居するシニアの幸福度は低い

男女別・家族構成別に幸福度を見ると、男性1人暮らしでは「幸せである」は39％しかおらず、夫婦2人暮らしの73％と大きな差がある（図3－11）。対して女性1人暮らしで「幸せである」人は66％であり、夫婦のみの73％などと比べてもそれほど低くない。しかも金融資産別に見ると、資産2000万円以上の女性は1人暮らしで「幸福である」人が78％もある（図3－12）。

今後は生涯未婚や離別などの理由から、1人暮らしのシニアがますます増えるだろうが、女性についていえば、先ほども述べたように、資産を確保すればある程度幸せな老後が過ごせそうである。

また、女性全体では「子と孫の世代と同居」する人、つまり三世代同居で「幸せである」人が75％と多い。安倍内閣が喜びそうなデータである。

そして、500万円未満の人では男女ともに「子の世代と同居」する人の幸福度は低めであり、「幸せである」が48％台である。おそらく収入の低いパラサイトシングルと同居するシニアの幸福度が低いということであろう。

男性は1人暮らしの幸福度が低く、夫婦2人が高い

図3−11　男性の金融資産別・家族構成別・幸福度

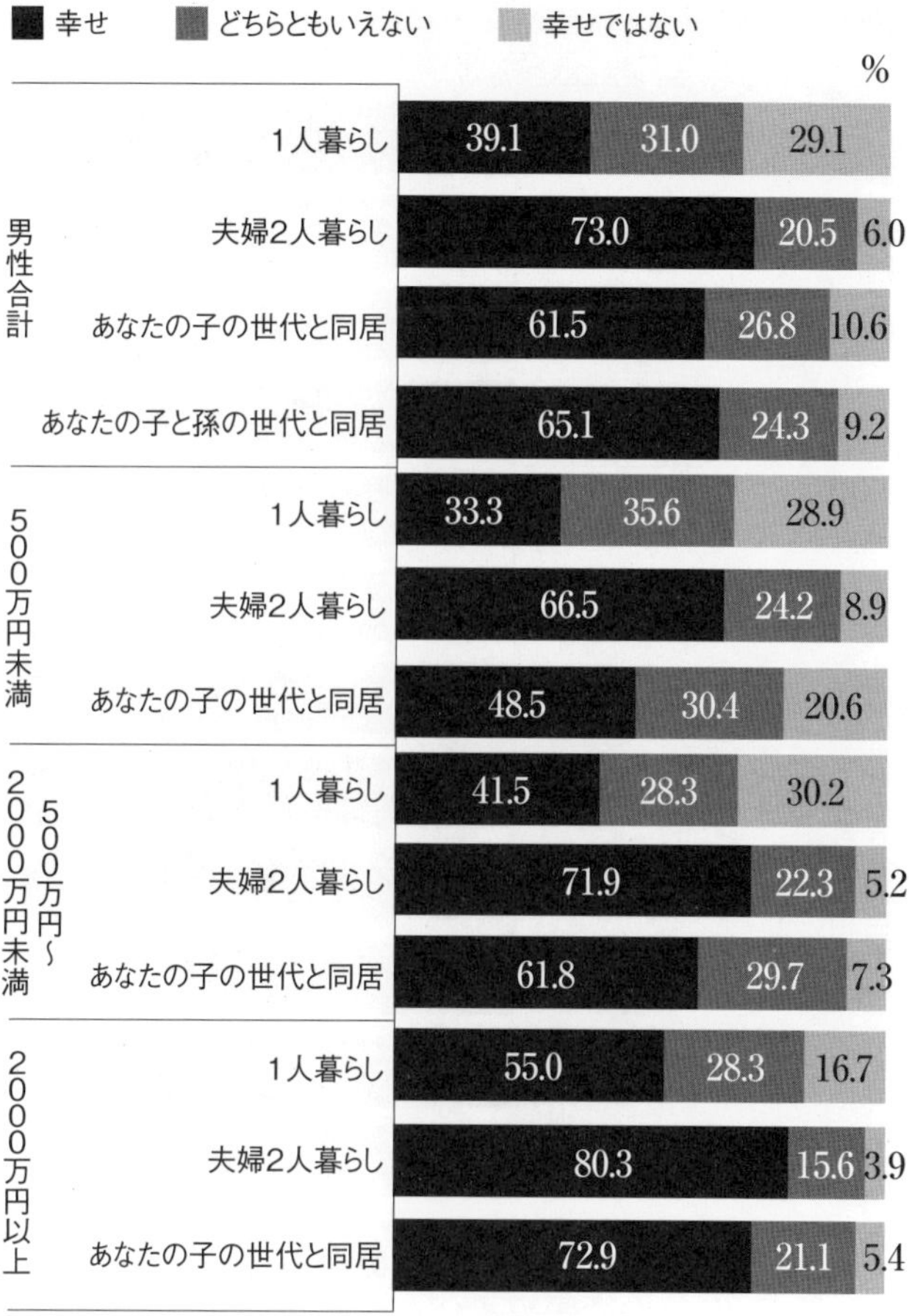

幸せ
どちらともいえない
幸せではない
%
男性合計
1人暮らし 39.1 31.0 29.1
夫婦2人暮らし 73.0 20.5 6.0
あなたの子の世代と同居 61.5 26.8 10.6
あなたの子と孫の世代と同居 65.1 24.3 9.2
500万円未満
1人暮らし 33.3 35.6 28.9
夫婦2人暮らし 66.5 24.2 8.9
あなたの子の世代と同居 48.5 30.4 20.6
500万円〜2000万円未満
1人暮らし 41.5 28.3 30.2
夫婦2人暮らし 71.9 22.3 5.2
あなたの子の世代と同居 61.8 29.7 7.3
2000万円以上
1人暮らし 55.0 28.3 16.7
夫婦2人暮らし 80.3 15.6 3.9
あなたの子の世代と同居 72.9 21.1 5.4

資料：三菱総合研究所「シニア調査」2015

女性の1人暮らしは男性より幸福度が高いが、最も高いのは三世代同居

図3−12　女性の金融資産別・家族構成別・幸福度

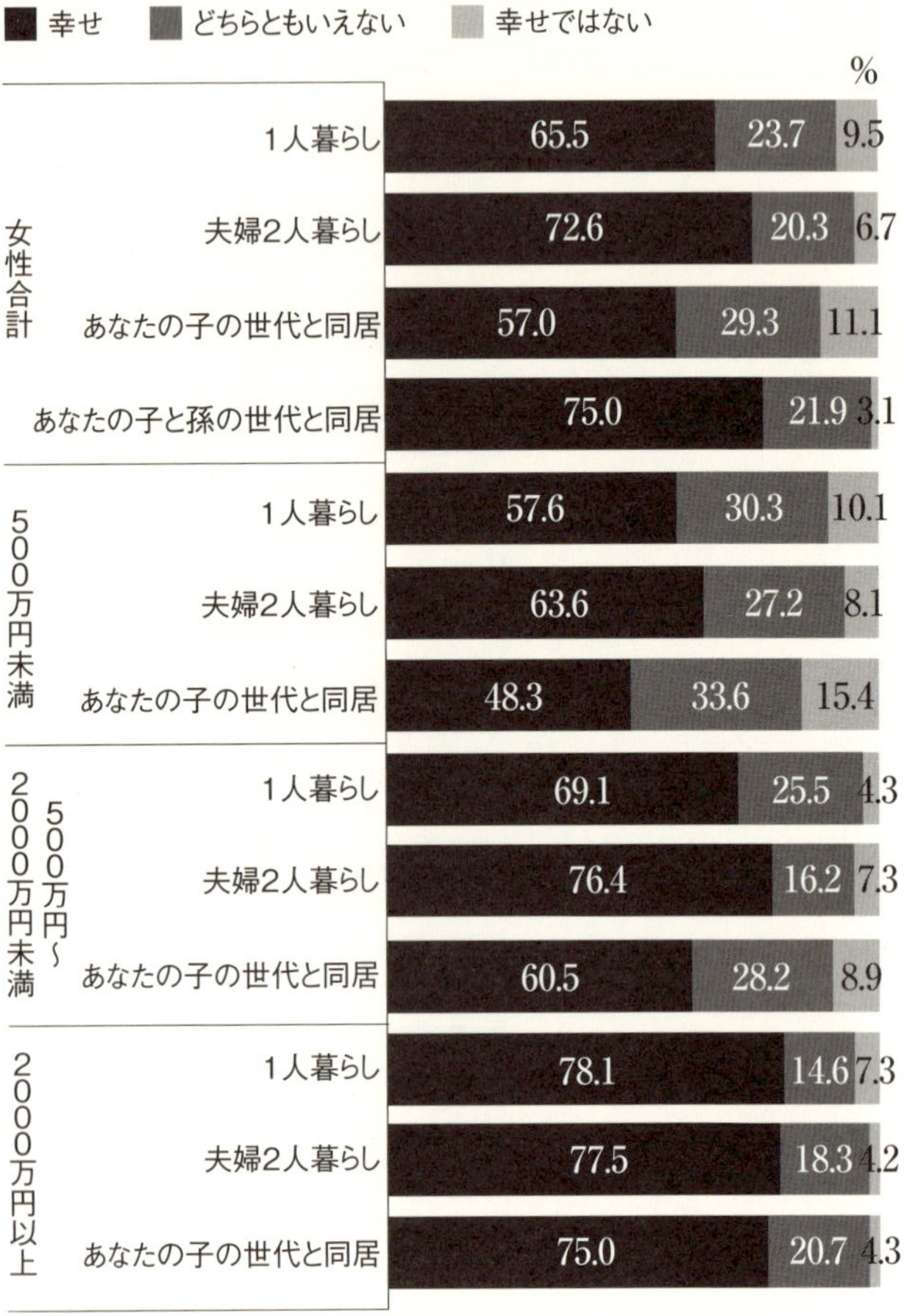
幸せ
どちらともいえない
幸せではない
%
女性合計
1人暮らし 65.5 23.7 9.5
夫婦2人暮らし 72.6 20.3 6.7
あなたの子の世代と同居 57.0 29.3 11.1
あなたの子と孫の世代と同居 75.0 21.9 3.1
500万円未満
1人暮らし 57.6 30.3 10.1
夫婦2人暮らし 63.6 27.2 8.1
あなたの子の世代と同居 48.3 33.6 15.4
500万円〜2000万円未満
1人暮らし 69.1 25.5 4.3
夫婦2人暮らし 76.4 16.2 7.3
あなたの子の世代と同居 60.5 28.2 8.9
2000万円以上
1人暮らし 78.1 14.6 7.3
夫婦2人暮らし 77.5 18.3 4.2
あなたの子の世代と同居 75.0 20.7 4.3

資料：三菱総合研究所「シニア調査」2015

●中流老人は孫がいると幸せ

金融資産別・子供の有無別に幸福度を見ると（子供と同居とは限らない）、どの資産階層でも子供がいるほうが幸福度が高いが、それほど歴然たる差ではない。

ただし500万円未満では、子供がいない人は「幸せ」が46％だが、いる人は60％に上がる（図3-13）。収入の低い子供が同居するのは困るが、子供がいないよりはいたほうがマシなのである。

しかし500万円以上になると、子供のいる人といない人の差は縮まる。経済的な不安が少ないシニアであれば、子供への依存度が下がるからだろう。

ところが孫の有無別に幸福度を見ると（孫と同居とは限らない）、全体では孫がいたほうが幸せな人が増える。金融資産とクロスすると、500万円以上の人のほうが、孫がいることで幸せだという人が増える（図3-14）。

特に500万円～2000万円未満の階層（中流老人）では、孫がいる人は「幸せである」が72％だが、孫がいない人は60％であり、差が大きめである。中流老人であるがゆえに、いわゆる「幸せな家族像」というものを重視するからなのかもしれない。

下流老人ほど子供がいると幸せ

図3−13　金融資産別・子供の有無別・幸福度

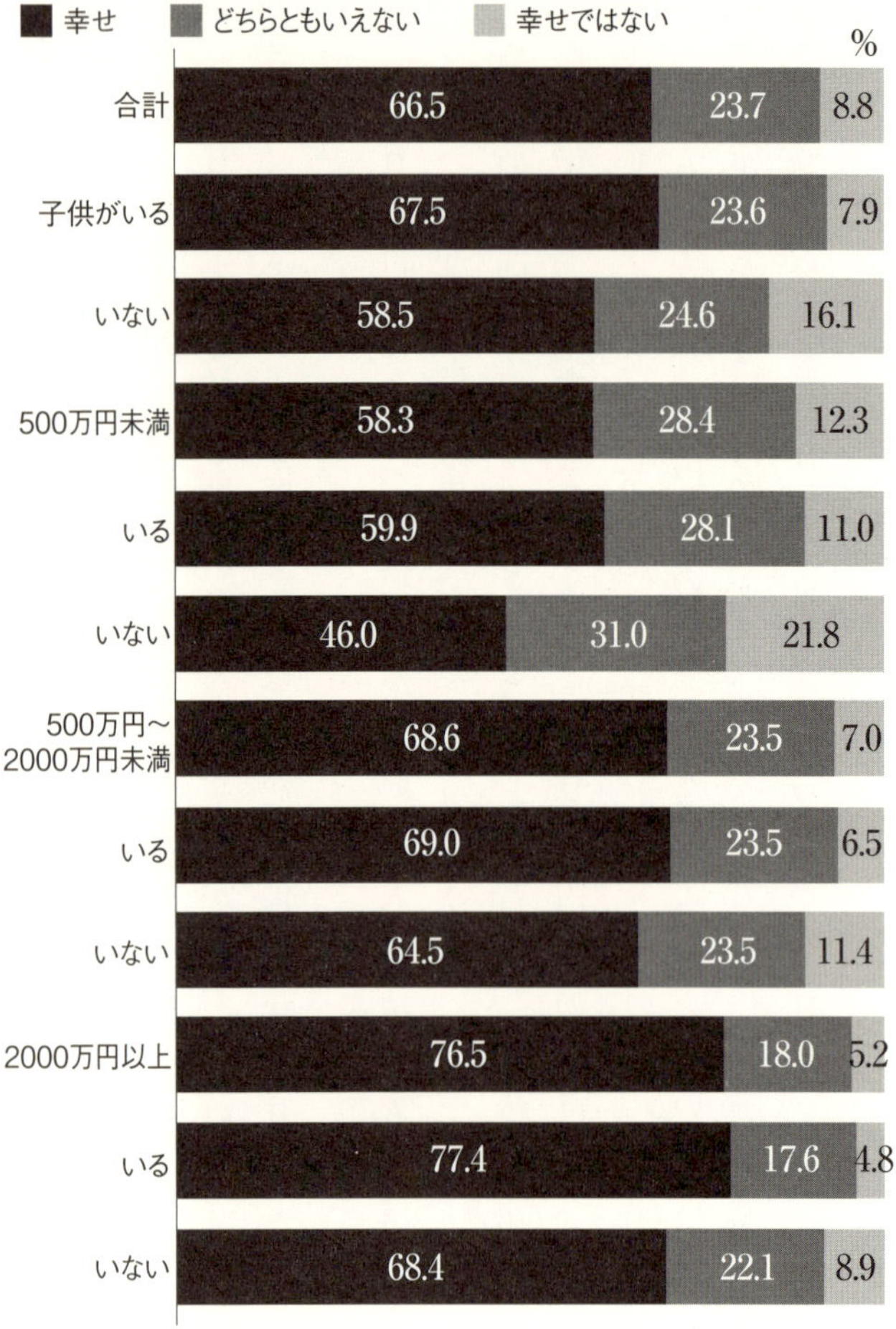

幸せ
どちらともいえない
幸せではない
%
合計
66.5
23.7
8.8
子供がいる
67.5
23.6
7.9
いない
58.5
24.6
16.1
500万円未満
58.3
28.4
12.3
いる
59.9
28.1
11.0
いない
46.0
31.0
21.8
500万円〜
2000万円未満
68.6
23.5
7.0
いる
69.0
23.5
6.5
いない
64.5
23.5
11.4
2000万円以上
76.5
18.0
5.2
いる
77.4
17.6
4.8
いない
68.4
22.1
8.9

資料：三菱総合研究所「シニア調査」2015

中流老人は孫がいると幸福度がとても増す

図3−14　金融資産別・孫の有無別・幸福度

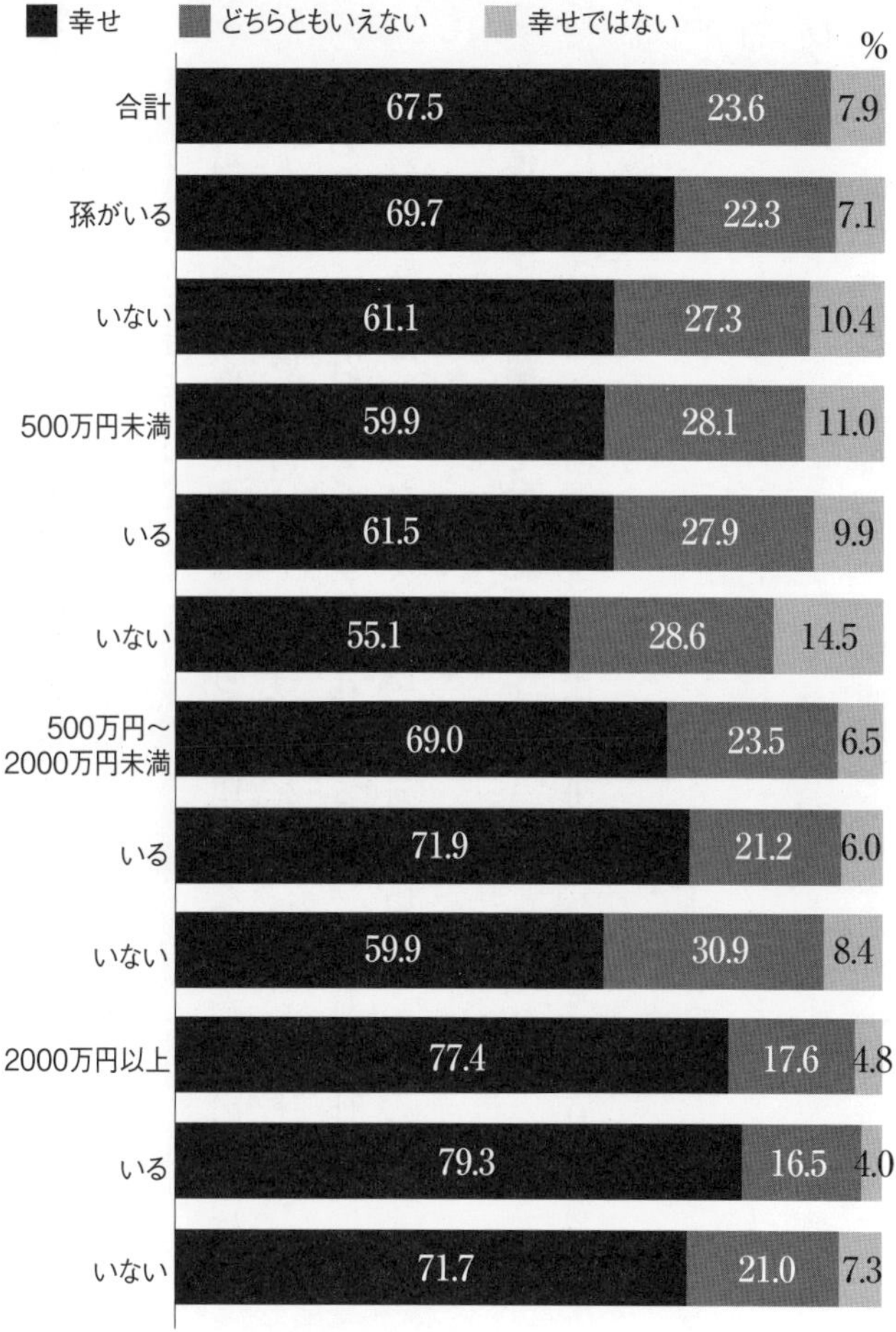

幸せ
どちらともいえない
幸せではない
%
合計
67.5
23.6
7.9
孫がいる
69.7
22.3
7.1
いない
61.1
27.3
10.4
500万円未満
59.9
28.1
11.0
いる
61.5
27.9
9.9
いない
55.1
28.6
14.5
500万円〜2000万円未満
69.0
23.5
6.5
いる
71.9
21.2
6.0
いない
59.9
30.9
8.4
2000万円以上
77.4
17.6
4.8
いる
79.3
16.5
4.0
いない
71.7
21.0
7.3

資料：三菱総合研究所「シニア調査」2015

●男性で幸せではない人は24%が子供にほとんど会わない

別居する子供がいるシニアに、その子供と会う頻度を聞き、幸福度との関係を分析してみた。

すると、幸福度と会う頻度にはそれほど明らかな傾向はなかったものの、やはり、幸福ではないという人では、子供と「週に2〜3回以上」会う人が3%と少なく（全体では12%）、「ほとんど会わない」人が21%と多かった（全体では3%）。また特に男性では「ほとんど会わない」人が24%とさらに多かった（女性は13%）（図3-15）。

●下流老人男性は宝くじを買って公園に行く

最近の生活に関する質問への回答を金融資産別に集計し、資産2000万円以上が500万円未満より多い順に並べてみた。

すると、差が大きいのは「家の中のいらないものを、たまにゴミとして捨てている」「近所の喫茶店、ファミリーレストランにしばしば行く」「クラシックのコンサートにたまに行く」「図書館に行って新聞や雑誌を読んだりすることがよくある」「野菜をよく食べたり、炭水化物を減らした食事をしている」「近所の居酒屋などによく行く」「近所のファミリーレス

幸せではない人は子供とほとんど会わない人が多い

図3−15　男女別・幸福度別・子供と会う頻度（子供のいる人だけの回答）

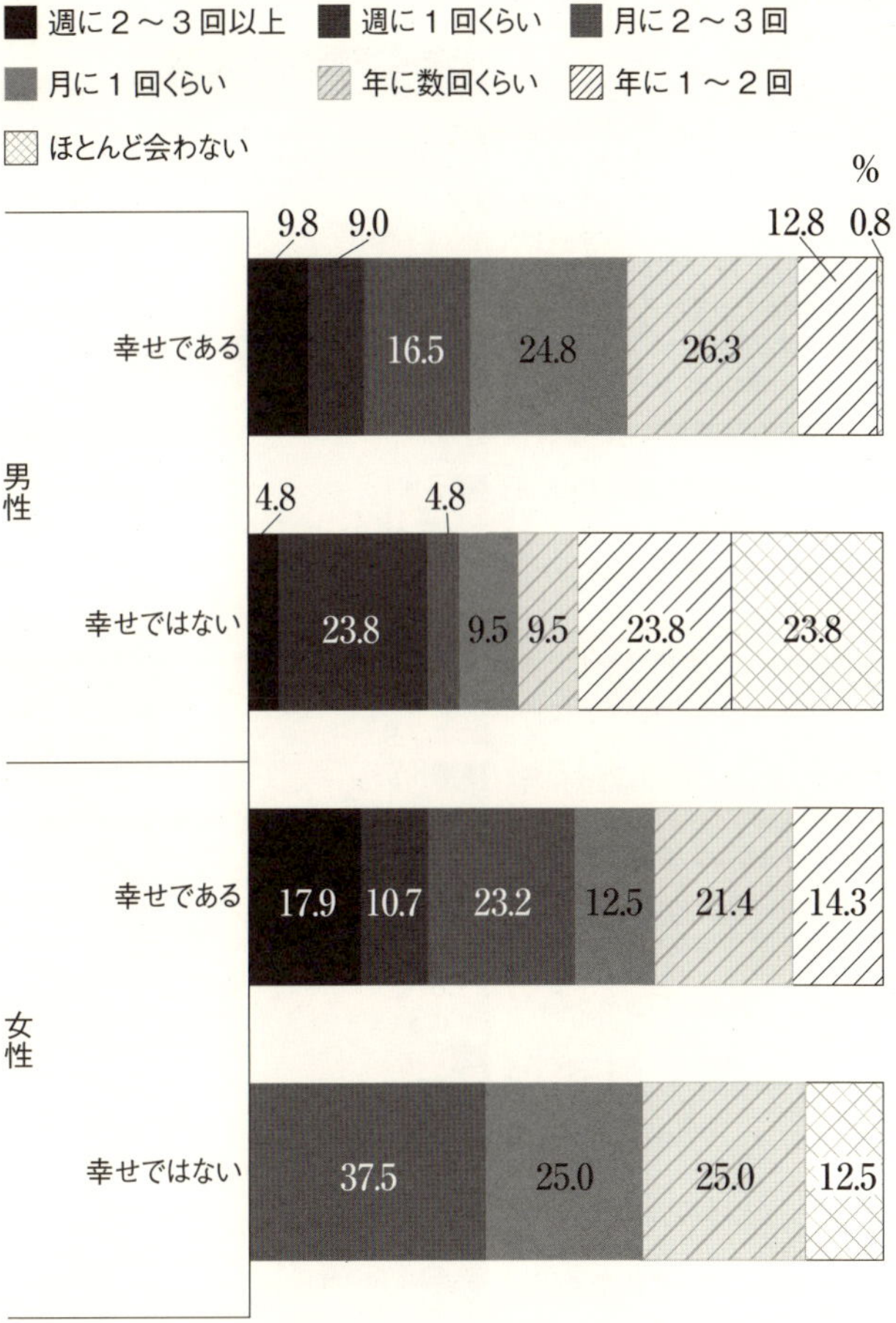

週に2～3回以上
週に1回くらい
月に2～3回
月に1回くらい
年に数回くらい
年に1～2回
ほとんど会わない
%
男性
幸せである
9.8
9.0
16.5
24.8
26.3
12.8
0.8
幸せではない
4.8
23.8
4.8
9.5
9.5
23.8
23.8
女性
幸せである
17.9
10.7
23.2
12.5
21.4
14.3
幸せではない
37.5
25.0
25.0
12.5

資料：カルチャースタディーズ研究所+三菱総合研究所「シニア追加調査」2015

上流老人は断捨離、健康生活、文化生活を重視

図3−16　金融資産別・最近の生活 (主な回答。資産2000万円以上と500万円未満の差の順)

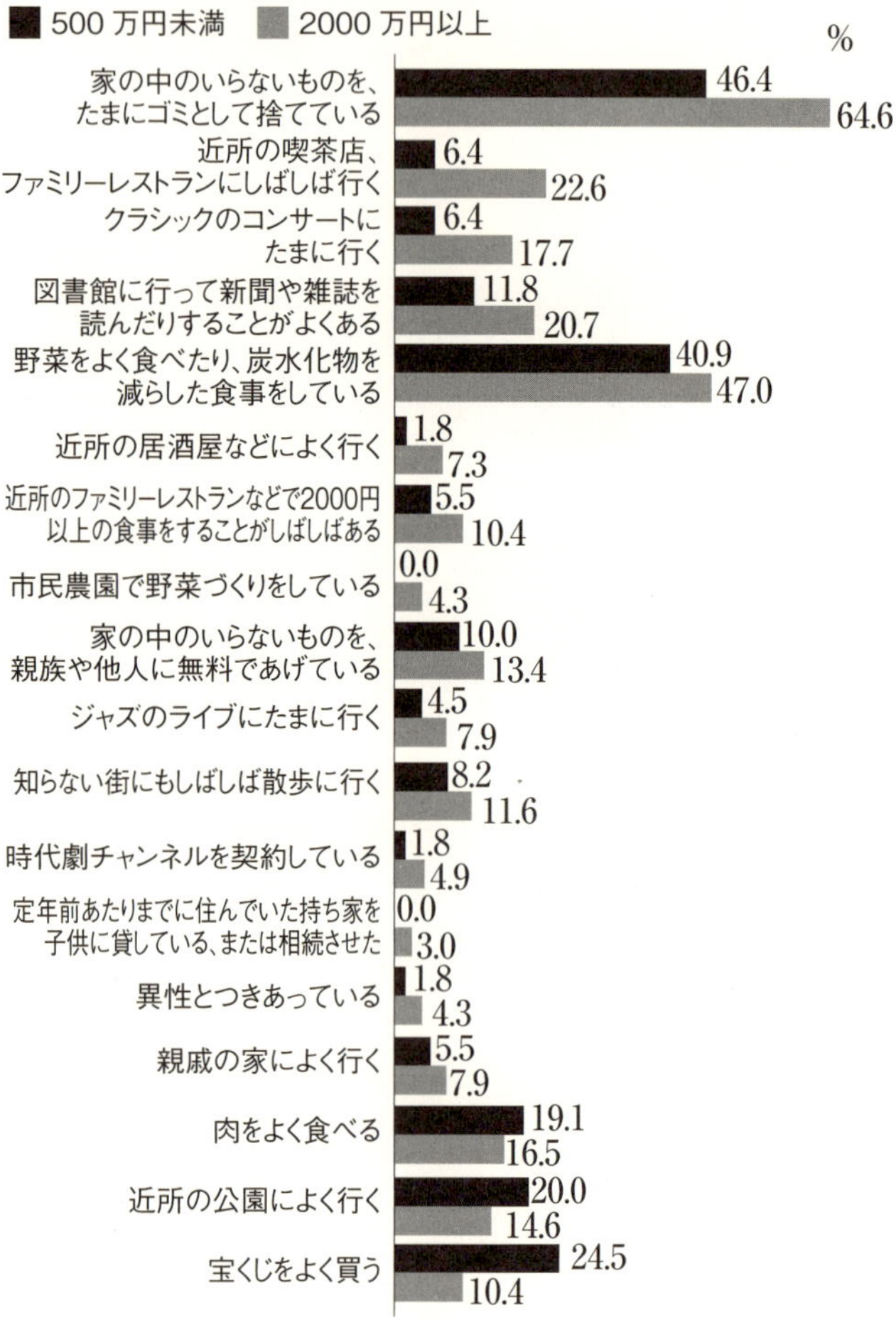

500 万円未満
2000 万円以上
%
家の中のいらないものを、たまにゴミとして捨てている
46.4
64.6
近所の喫茶店、ファミリーレストランにしばしば行く
6.4
22.6
クラシックのコンサートにたまに行く
6.4
17.7
図書館に行って新聞や雑誌を読んだりすることがよくある
11.8
20.7
野菜をよく食べたり、炭水化物を減らした食事をしている
40.9
47.0
近所の居酒屋などによく行く
1.8
7.3
近所のファミリーレストランなどで2000円以上の食事をすることがしばしばある
5.5
10.4
市民農園で野菜づくりをしている
0.0
4.3
家の中のいらないものを、親族や他人に無料であげている
10.0
13.4
ジャズのライブにたまに行く
4.5
7.9
知らない街にもしばしば散歩に行く
8.2
11.6
時代劇チャンネルを契約している
1.8
4.9
定年前あたりまでに住んでいた持ち家を子供に貸している、または相続させた
0.0
3.0
異性とつきあっている
1.8
4.3
親戚の家によく行く
5.5
7.9
肉をよく食べる
19.1
16.5
近所の公園によく行く
20.0
14.6
宝くじをよく買う
24.5
10.4

資料：カルチャースタディーズ研究所+三菱総合研究所「シニア追加調査」2015

トランなどで2000円以上の食事をすることがしばしばある」などであり、上流老人が断捨離、健康生活、文化生活を重視していることがわかる（図3-16）。

対して500万円未満のほうが多いのは、「宝くじをよく買う」「近所の公園によく行く」である。

また、男女別に見ると、女性は「友人の家によく行く」「近所の人の家によく行く」といったつきあい系が男性よりも多いことが特徴である（図3-17）。

男性のほうが多いのは「宝くじ」「近所の公園」「近所のファミリーレストランなどで2000円以上の食事」「近所の居酒屋」「図書館に行って新聞や雑誌」「近所の喫茶店、ファミリーレストラン」である。

つまり、女性は人との会話を楽しむが、男性は、公園、居酒屋、喫茶店、ファミリーレストラン、図書館といった近所の場所に移動することによって気分を変えるようである。

●1人暮らし男性は子供や孫が幸福につながらない

次に、これから増大する1人暮らし老人について見てみる。先ほど見たように、1人暮らし世帯は幸福度が低い。その理由は何だろうか。

女性は会話、男性は場所を移動して気分転換

図3−17　男女別・最近の生活（主な回答。男女差順）

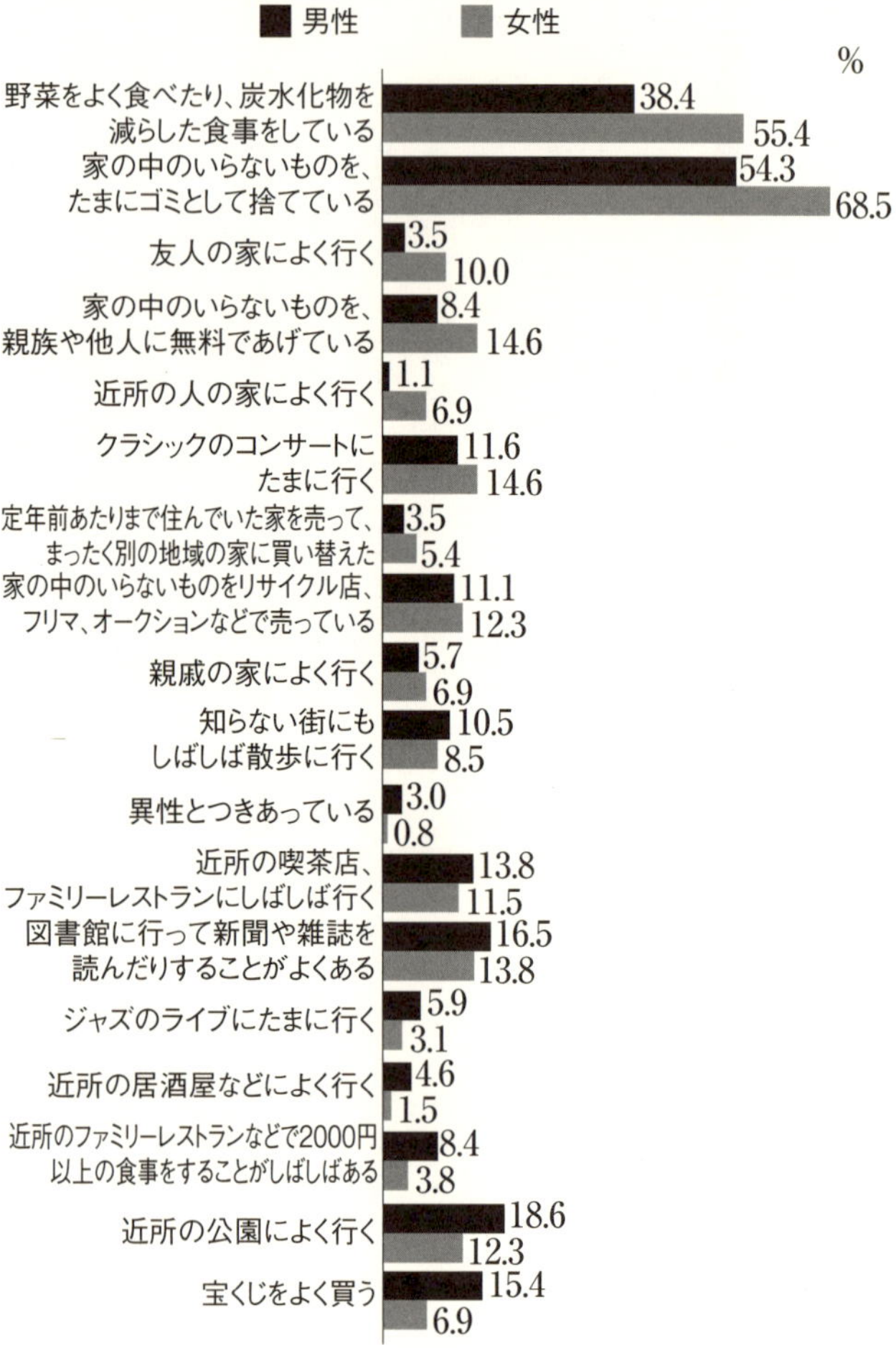
男性
女性
%
野菜をよく食べたり、炭水化物を減らした食事をしている
38.4
55.4
家の中のいらないものを、たまにゴミとして捨てている
54.3
68.5
友人の家によく行く
3.5
10.0
家の中のいらないものを、親族や他人に無料であげている
8.4
14.6
近所の人の家によく行く
11.1
6.9
クラシックのコンサートにたまに行く
11.6
14.6
定年前あたりまで住んでいた家を売って、まったく別の地域の家に買い替えた
3.5
5.4
家の中のいらないものをリサイクル店、フリマ、オークションなどで売っている
11.1
12.3
親戚の家によく行く
5.7
6.9
知らない街にもしばしば散歩に行く
10.5
8.5
異性とつきあっている
3.0
0.8
近所の喫茶店、ファミリーレストランにしばしば行く
13.8
11.5
図書館に行って新聞や雑誌を読んだりすることがよくある
16.5
13.8
ジャズのライブにたまに行く
5.9
3.1
近所の居酒屋などによく行く
4.6
1.5
近所のファミリーレストランなどで2000円以上の食事をすることがしばしばある
8.4
3.8
近所の公園によく行く
18.6
12.3
宝くじをよく買う
15.4
6.9

資料：カルチャースタディーズ研究所+三菱総合研究所「シニア追加調査」2015

まず、1人暮らし世帯の、子供や孫がいる人といない人で幸福度を比較すると、女性については、子供や孫がいたほうが明らかに幸福度が高い。子供のいる男性で「幸せである」は39％だが、女性は71％である（図3-18）。また孫がいる男性は「幸せである」が37％だが、女性は73％である（図3-19）。

このように、男性は子供や孫がいても必ずしも幸せではない。むしろ、子供がいない人のほうが「幸せである」が40％と少し多い。孫がいない男性は「幸せである」が43％と明らかに多い。これは、現在のシニアでは、経済力が男性の幸福度を測る基準として重視されたからであろうか。あるいは、そもそも子供との関係が悪いために1人暮らしをしているのかもしれない。

そういえば近年、子育て世帯を支援するために保育園が新設されているが、新設された保育園の近くに元々住んでいた高齢者から、子供がうるさいと苦情を言われるケースが少なくないという。それが男性なのか女性なのか知らないが、まあ、おそらく男性であろう。高齢者が小さな子供が好きとは限らないのである。

1人暮らし女性は子供がいると幸福度が上がる

図3−18　1人暮らしの男女別・子供の有無別・幸福度

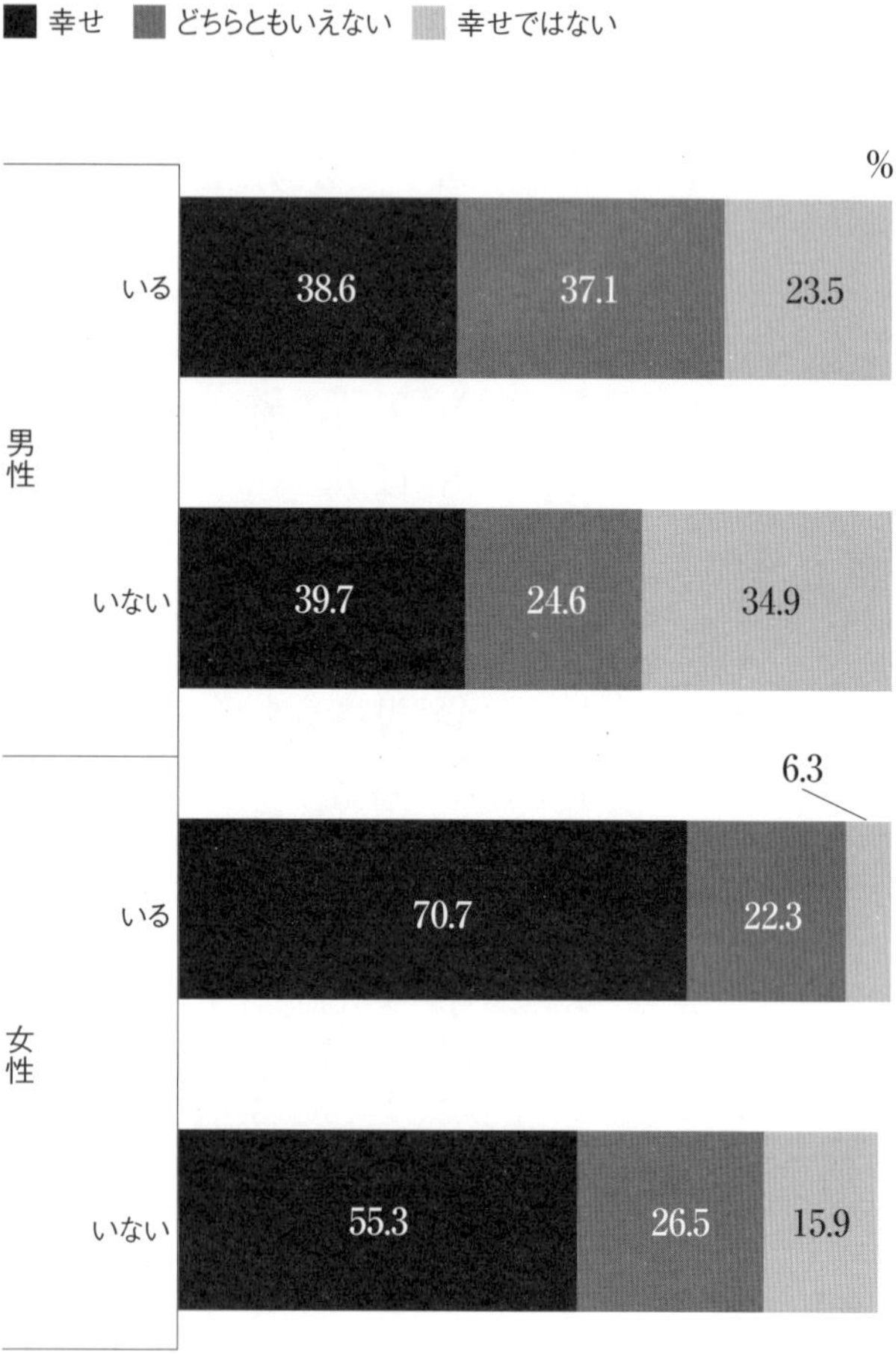

幸せ
どちらともいえない
幸せではない
%
男性
いる
38.6
37.1
23.5
いない
39.7
24.6
34.9
女性
6.3
いる
70.7
22.3
いない
55.3
26.5
15.9

資料：三菱総合研究所「シニア調査」2015

1人暮らし男性は孫がいない人のほうが幸福度が高い

図3―19　1人暮らしの男女別・孫の有無別・幸福度

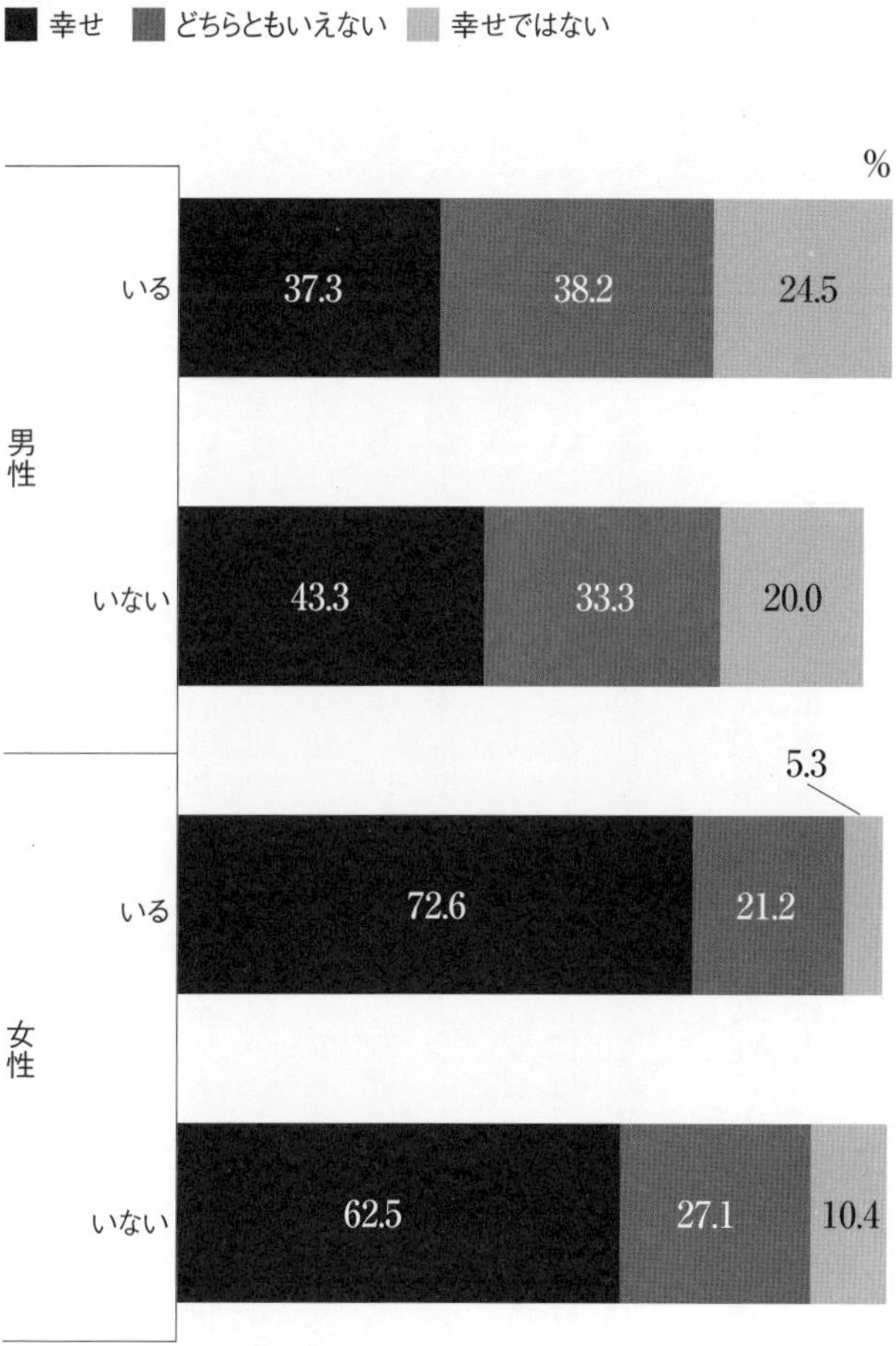

幸せ
どちらともいえない
幸せではない
%
男性
いる
37.3
38.2
24.5
いない
43.3
33.3
20.0
女性
いる
72.6
21.2
5.3
いない
62.5
27.1
10.4

資料：三菱総合研究所「シニア調査」2015

●隣近所の知り合いの数は女性にとって重要

1人暮らしのシニアは、隣近所で顔と名前を知っている人が何人いるかによって幸福度は違うだろうか。

たしかに男女ともに、知っている人の数が多いほど「幸せである」人はほぼ正比例で増える。しかし男女の差も非常に大きい。男性では、知っている人の数が0人だと幸せである人は32％だが、知っている人の数が11～20人だと幸せである人は50％である。対して女性は、知っている人が0人だと幸せである人は42％だが、11～20人だと8割近い（図3-20）。

このように知っている人の数が少ない場合の幸福度は男女差が少ないが、女性は、知っている人の数が増えるほど幸福度がどんどん増していく。女性と比べると、男性の場合は、隣近所の知っている人の数は、多いに越したことはないが、女性ほどには幸福度を上げないようなのである。近所に6～20人知り合いがいる男性でも、0～2人しか知り合いのいない女性と同じ程度の幸福度なのである。

ただし今後は高学歴の女性で外で働き続けた人が増えるから、女性にとっても隣近所の知人の数よりも、学生時代や会社の友人のほうが重要になる可能性は大いにある。

男性は隣近所の知り合いがいても女性ほど幸せにならない

図3−20　1人暮らし男女別・隣近所で顔と名前を知っている人数別・幸福度

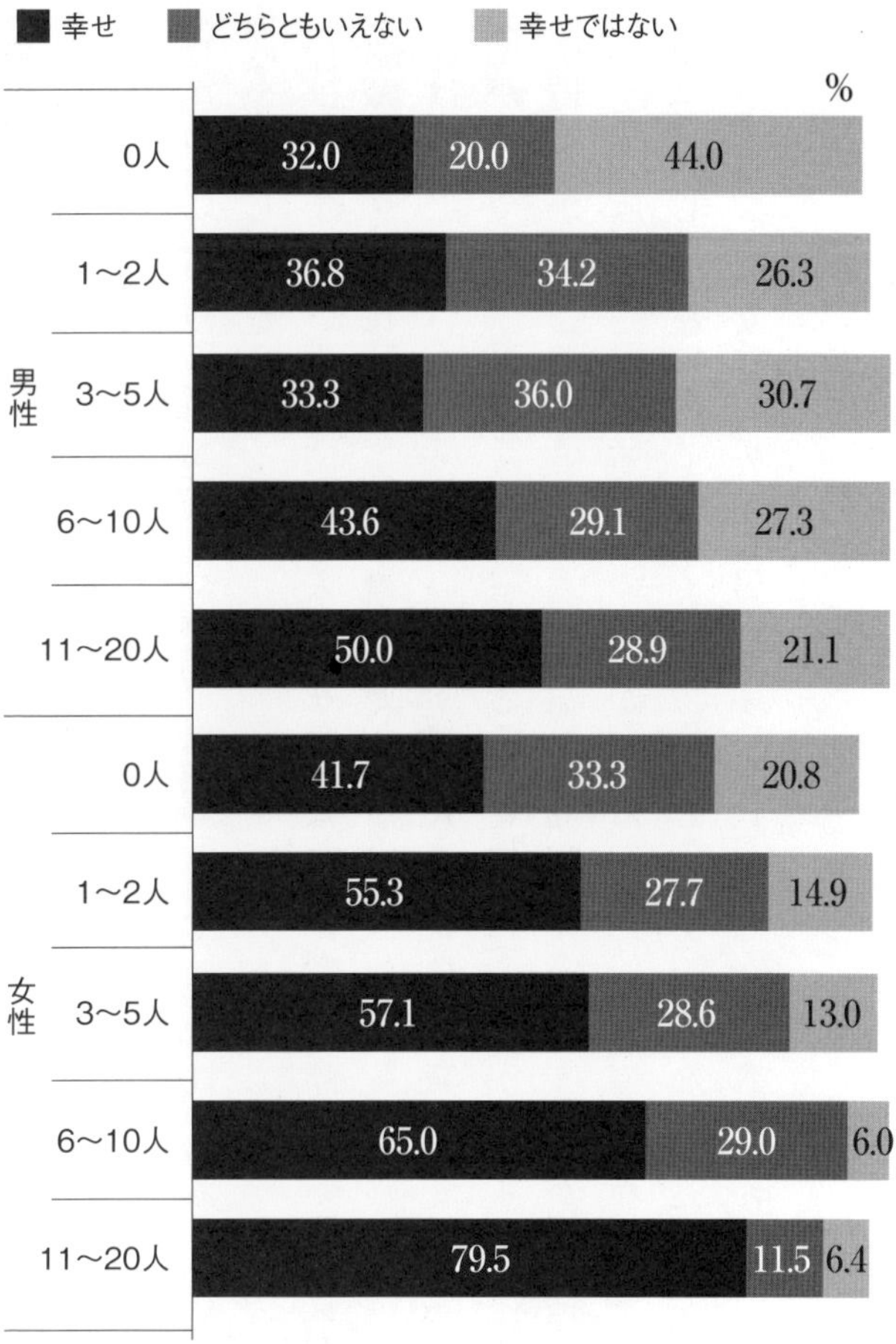

幸せ
どちらともいえない
幸せではない
%
男性
0人
32.0
20.0
44.0
1〜2人
36.8
34.2
26.3
3〜5人
33.3
36.0
30.7
6〜10人
43.6
29.1
27.3
11〜20人
50.0
28.9
21.1
女性
0人
41.7
33.3
20.8
1〜2人
55.3
27.7
14.9
3〜5人
57.1
28.6
13.0
6〜10人
65.0
29.0
6.0
11〜20人
79.5
11.5
6.4

資料：三菱総合研究所「シニア調査」2015

●渡辺淳一の小説が売れる理由

このように1人暮らし男性シニアは、一般的に幸福のイメージとされていることで幸福になるとは限らない。では何が彼らを幸せにするのか。

1人暮らし（既婚以外）の男女シニアについて、現在交際している異性がいるか・いないか別に幸福度を集計してみた（図3-21）。

すると女性は、交際している異性がいる人で幸せな人は68％だが、交際している異性がいない人でも58％であり、それほど大きく幸福度は変わらない。

対して男性は、交際している異性がいない人で幸せな人は32％だが、交際している異性がいる人は58％が幸せである。ガールフレンドがいることで格段に幸福度が上がる。ガールフレンドは、子供や孫がいることよりも、隣近所の知人の数が多いことよりも遥かに幸福度を上げるのだ！　なるほど、だから渡辺淳一の小説が売れるわけだ。何歳のどんな異性とつきあっているかは質問していないが、とにかく男性は異性とつきあっていないと途端に幸福度が下がるのだ。家事などを女性に依存する男性が多い世代だからかもしれないが。

1人暮らし男性を幸せにするのは子供や孫よりガールフレンド！

図3—21　1人暮らしの男女別・交際している異性の有無別・幸福度（既婚以外）

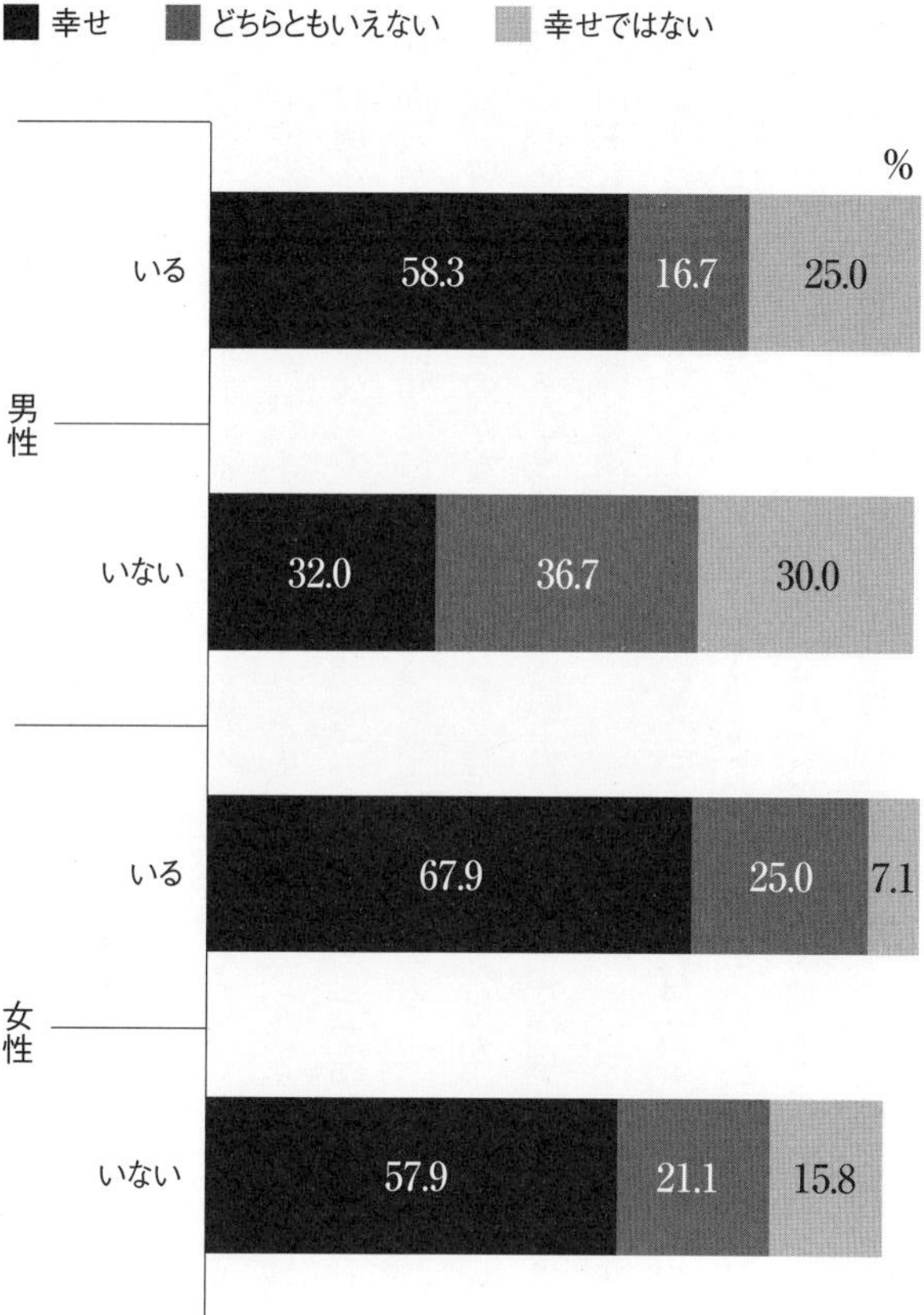

幸せ
どちらともいえない
幸せではない
%
男性
いる
58.3
16.7
25.0
いない
32.0
36.7
30.0
女性
いる
67.9
25.0
7.1
いない
57.9
21.1
15.8

資料：三菱総合研究所「シニア調査」2015

●1人暮らしの増加は下流社会を助長する

「悩み事」に関する回答を、1人暮らし世帯と夫婦2人暮らし世帯の差の順に並べると、1人暮らしで多いのは、「さびしい」「消費税の増税」「体に不調があり、日常の行動に不自由」「買いたいものが買えない」「認知症にならないか不安だ」「住んでいる地域は買い物をするのに不便だ」「家事を自分にかわってやってくれる人がいない」「住んでいる地域の住民同士のつきあいが面倒くさい」となっている（図3-22）。一人であるがゆえにさびしく、家事をかわってくれる人がなく、認知症になったときが不安なのである。

また、消費税、買いたいものが買えないという経済的悩みのほか、「住んでいる地域は買い物をするのに不便」「住んでいる地域の住民同士のつきあいが面倒くさい」という地域社会についての悩みもあるのが興味深い。

巻頭で見たように、これからは1人暮らしのシニアが増え続ける。しかも今後のシニアの状況は、経済的には今よりも厳しくなるだろう。また、これからシニアになる世代は郊外のニュータウン育ちが多いが、ニュータウンは車社会だから、高齢化するとさらに買い物が不便になる。すると、ますますインターネットで買い物をするようになり、孤独な社会になっていくかもしれない。

1人暮らしシニアはお金、健康、地域に悩む

図3−22　家族形態別・悩み事（複数回答。1人暮らしが夫婦2人暮らしより多い順）

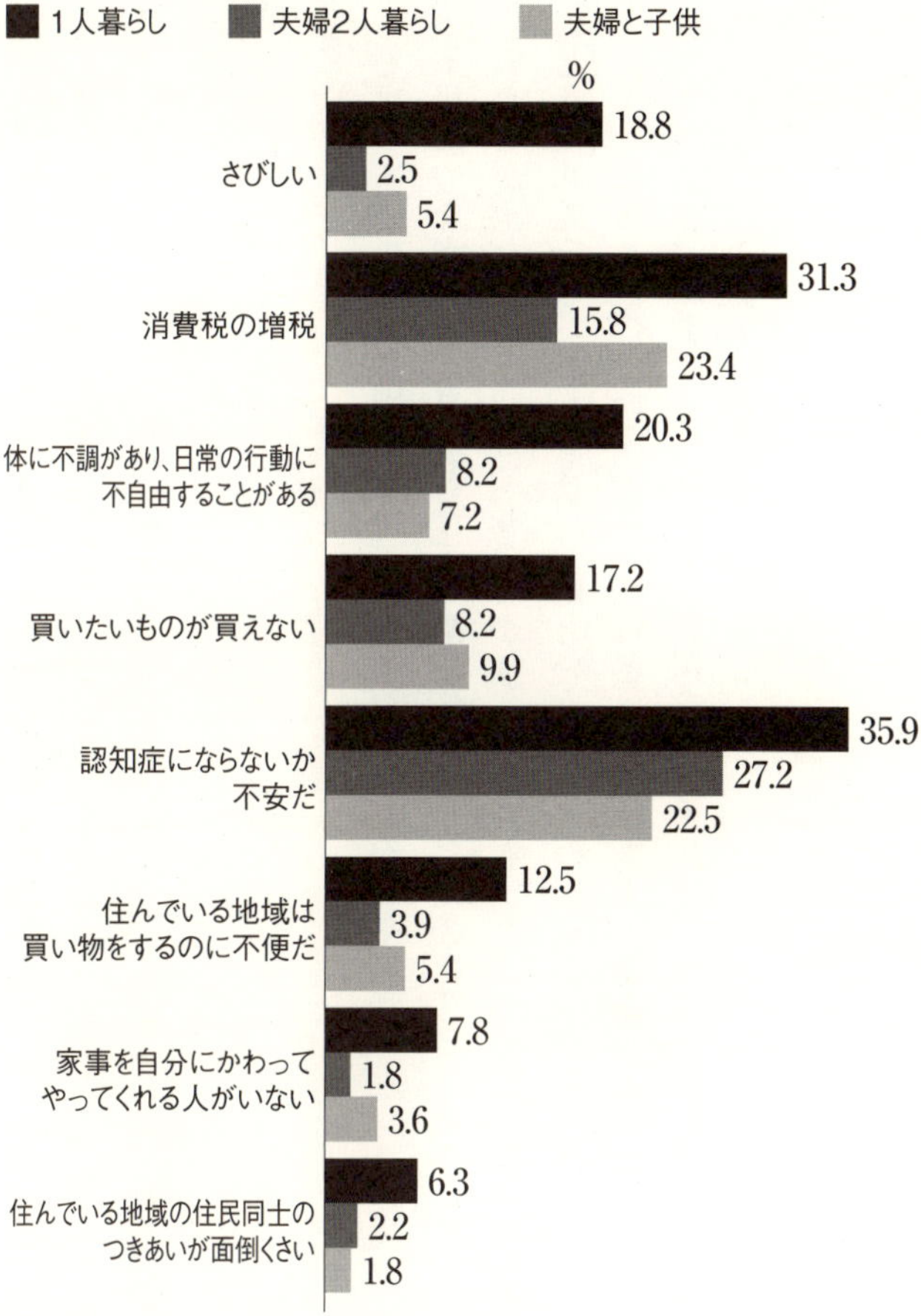

1人暮らし
夫婦2人暮らし
夫婦と子供
%
さびしい
18.8
2.5
5.4
消費税の増税
31.3
15.8
23.4
体に不調があり、日常の行動に不自由することがある
20.3
8.2
7.2
買いたいものが買えない
17.2
8.2
9.9
認知症にならないか不安だ
35.9
27.2
22.5
住んでいる地域は買い物をするのに不便だ
12.5
3.9
5.4
家事を自分にかわってやってくれる人がいない
7.8
1.8
3.6
住んでいる地域の住民同士のつきあいが面倒くさい
6.3
2.2
1.8

資料：カルチャースタディーズ研究所+三菱総合研究所「シニア追加調査」2015

また、人生の失敗を1人暮らしと夫婦2人暮らし世帯で比較すると、1人暮らしでは「もっと貯金、資産を増やしておくべきだった」「もっと恋愛をしておけばよかった」「夫婦生活があまりうまくいかなかった」「転職、脱サラがあまりうまくいかなかった」「職業選択を少しまちがった」が多い（図3-23）。

ただし、未婚者以外の1人暮らしでは「夫婦生活」が18％であり、夫婦2人暮らしの7％よりかなり多い。

1人暮らしは、未婚以上に離別が多い。職業選択のまちがいや転職、脱サラの失敗は、年収や資産の不足につながり、それがおそらく離婚につながったのだろう。そのため、夫婦生活がうまくいかなかったという回答にもつながり、かつ、もっとよい伴侶と巡り会うために、もっと若いときに恋愛をしておくべきだったという回答につながるのであろう。

このように1人暮らし世帯の悩み事は、先ほど見た下流老人の悩み事とかなり近い。1人暮らしのシニアの増加、および、それに伴う問題を放置すれば、日本社会が全体としてさらに下流社会化することになるはずだ。

1人暮らしのシニアは仕事と男女関係がうまくいかなかった

図3−23　家族形態別・人生の失敗（複数回答。1人暮らしが夫婦2人暮らしより多い順）

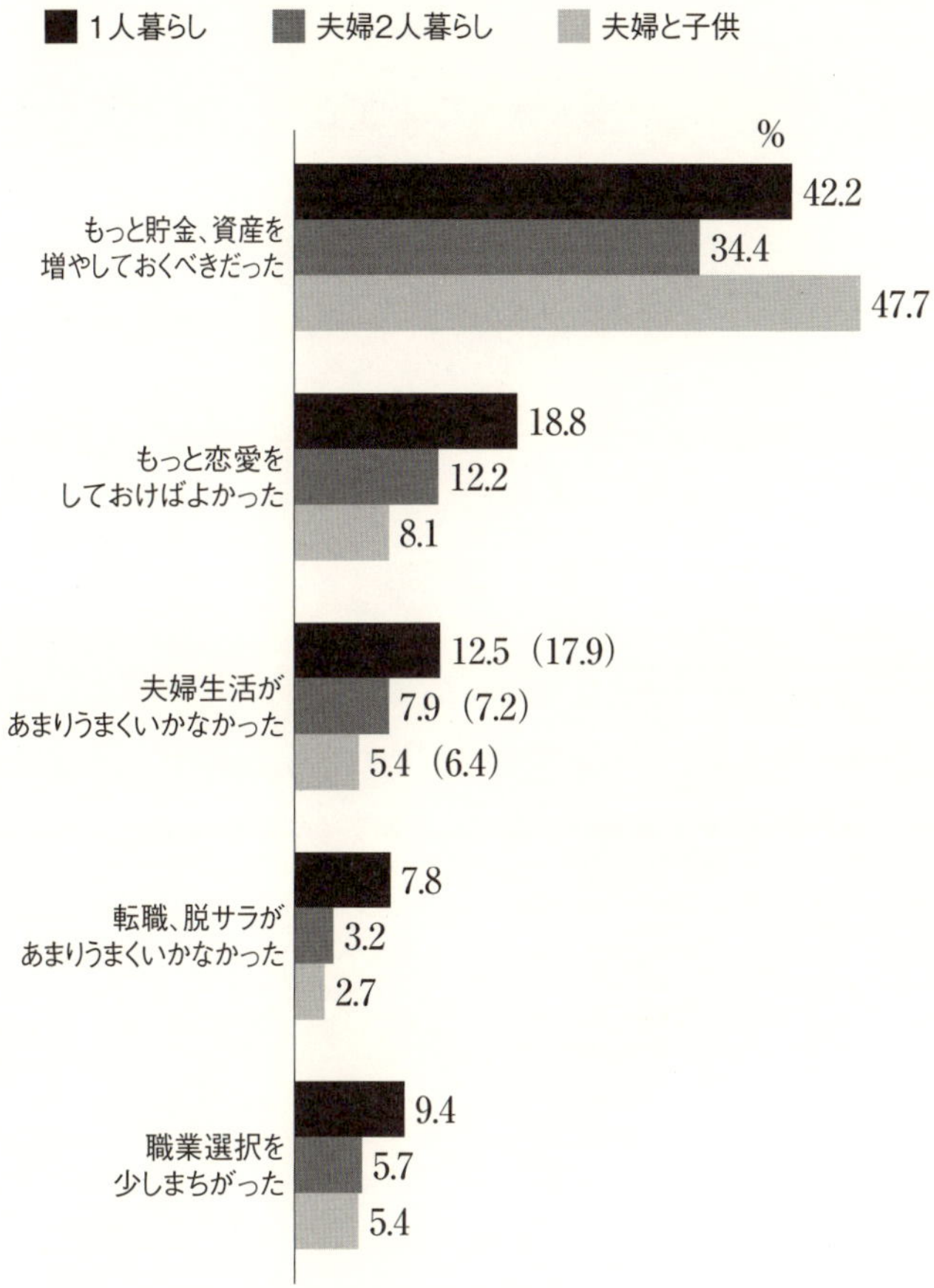

1人暮らし
夫婦2人暮らし
夫婦と子供
%
もっと貯金、資産を増やしておくべきだった
42.2
34.4
47.7
もっと恋愛をしておけばよかった
18.8
12.2
8.1
夫婦生活があまりうまくいかなかった
12.5（17.9）
7.9（7.2）
5.4（6.4）
転職、脱サラがあまりうまくいかなかった
7.8
3.2
2.7
職業選択を少しまちがった
9.4
5.7
5.4

資料：カルチャースタディーズ研究所+三菱総合研究所「シニア追加調査」2015

注：（　　）内は未婚者以外の数字。

第4章

資産がなくても幸福な人 資産があっても不幸な人

●好きなことをしている時と孫の顔を見た時が幸せ

さて、では、本書の冒頭で書いた問題、経済的に下流であっても幸福な人とはどんな人かの分析にとりかかろう。

まず「あなたが今、幸福だと思うのは主としてどういう時、どういう理由からですか」という質問では、全体では「好きなことをしている時」60％、「自分が健康だと感じる時」46％、「家族と楽しく話している時」43％、「孫の顔を見た時」41％、「家族全員が健康だから」38％。「配偶者がやさしくしてくれる時」37％（既婚者では43％）、「子供がやさしくしてくれる時」32％（子供のいる人では37％）、「友人と楽しく話している時」32％、「子供が仕事をちゃんとしていると思えた時」30％（子供のいる人では34％）、「人のために役立っていると感じられる時」24％などとなった（図4-1）。ただし孫のいる人に限ると、「孫の顔を見た時」は68％もいる。

自由回答では「好きなアーティストのライブに行けた時」「一日何事もなく平凡に終わった時」「旅行に出かける時」「物事をなし遂げた時」「月に2～3回高尾山に登っているが、人のあまり来ないコースをゆっくりと森林浴をしながら歩いている時」「家族に喜ばれた時」などが挙がった。

幸福を感じるのは、好きなことをしている時

図4−1　幸福だと思う時（複数回答）

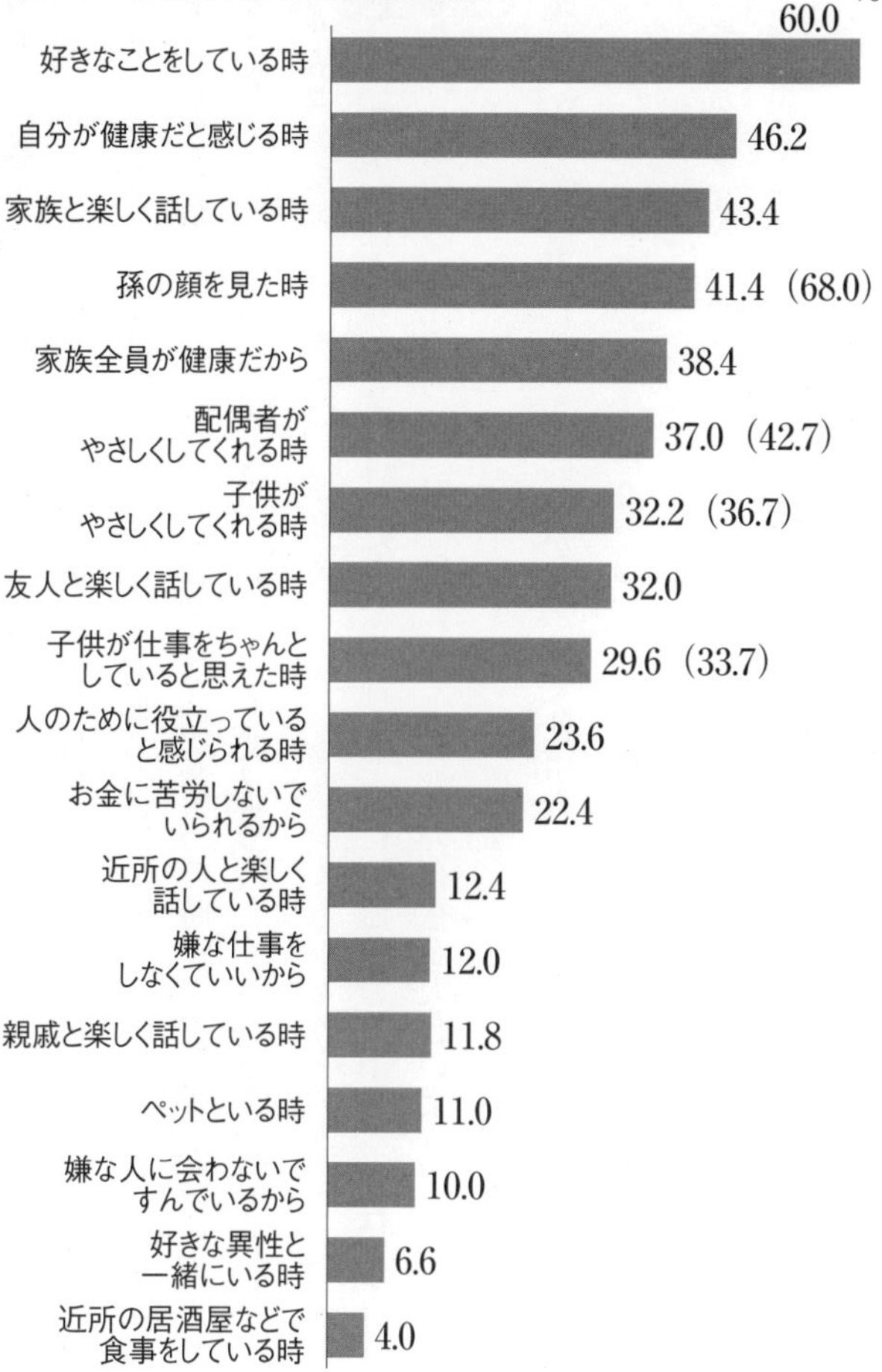
%
好きなことをしている時 60.0
自分が健康だと感じる時 46.2
家族と楽しく話している時 43.4
孫の顔を見た時 41.4（68.0）
家族全員が健康だから 38.4
配偶者がやさしくしてくれる時 37.0（42.7）
子供がやさしくしてくれる時 32.2（36.7）
友人と楽しく話している時 32.0
子供が仕事をちゃんとしていると思えた時 29.6（33.7）
人のために役立っていると感じられる時 23.6
お金に苦労しないでいられるから 22.4
近所の人と楽しく話している時 12.4
嫌な仕事をしなくていいから 12.0
親戚と楽しく話している時 11.8
ペットといる時 11.0
嫌な人に会わないですんでいるから 10.0
好きな異性と一緒にいる時 6.6
近所の居酒屋などで食事をしている時 4.0

資料：カルチャースタディーズ研究所+三菱総合研究所「シニア追加調査」2015

注：(　　) 内は、それぞれ孫のいる人のみ、既婚者のみ、子供のいる人のみの回答。

●女性は子供や友人、男性は異性が幸福の素

これを「幸せである」人について男女別に比較すると、女性が男性より多いのは、「子供がやさしくしてくれる時」「自分が健康だと感じる時」「お金に苦労しないでいられるから」「友人と楽しく話している時」「親戚と楽しく話している時」「家族全員が健康だから」「近所の人と楽しく話している時」などであり、子供、親戚、友人、近所という人間関係が多い（図4-2）。

逆に男性が女性より多いのは「好きな異性と一緒にいる時」であり、先ほども見たように、妻であれその他の女性であれ、男性にとっては女性の存在が大きいようだ（116ページ参照）。

また、「嫌な仕事をしなくていいから」は、仕事人間で生きてきた男性らしい理由であろう。

＊なお、第3章の「人生の失敗」についても、子供のいる人のみ、孫のいる人のみ、未婚者以外の集計をしてみたが、大きな傾向の変化が見られなかったので、数字を示さなかった。

女性は家族、友人、男性は異性といる時が幸せ

図4−2　男女別・幸福だと思う時〜男女差順（複数回答）

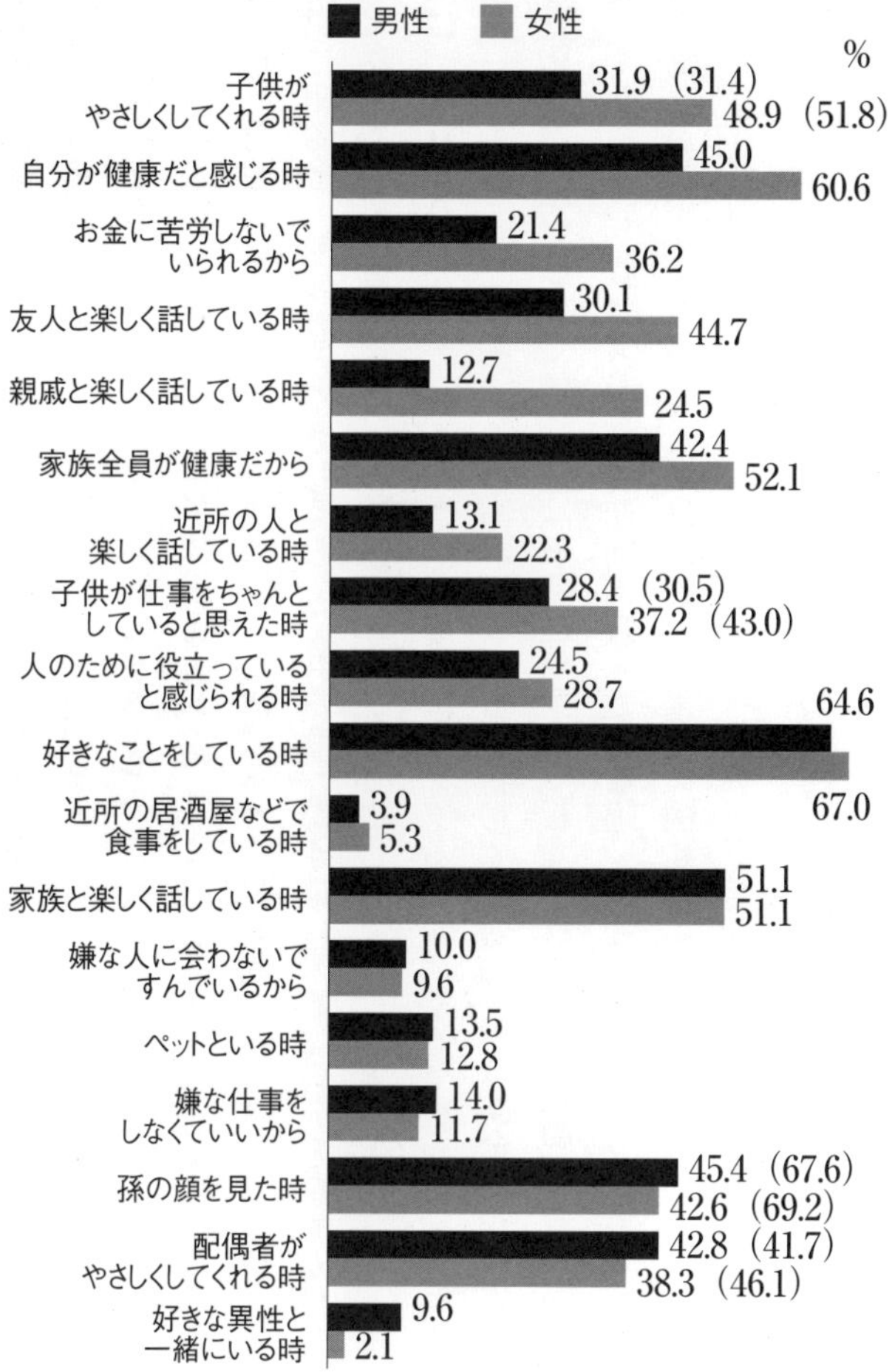
男性
女性
%
子供がやさしくしてくれる時
31.9（31.4）
48.9（51.8）
自分が健康だと感じる時
45.0
60.6
お金に苦労しないでいられるから
21.4
36.2
友人と楽しく話している時
30.1
44.7
親戚と楽しく話している時
12.7
24.5
家族全員が健康だから
42.4
52.1
近所の人と楽しく話している時
13.1
22.3
子供が仕事をちゃんとしていると思えた時
28.4（30.5）
37.2（43.0）
人のために役立っていると感じられる時
24.5
28.7
好きなことをしている時
64.6
67.0
近所の居酒屋などで食事をしている時
3.9
5.3
家族と楽しく話している時
51.1
51.1
嫌な人に会わないですんでいるから
10.0
9.6
ペットといる時
13.5
12.8
嫌な仕事をしなくていいから
14.0
11.7
孫の顔を見た時
45.4（67.6）
42.6（69.2）
配偶者がやさしくしてくれる時
42.8（41.7）
38.3（46.1）
好きな異性と一緒にいる時
9.6
2.1

資料：カルチャースタディーズ研究所+三菱総合研究所「シニア追加調査」2015

注：(　　) 内は、それぞれ孫のいる人のみ、既婚者のみ、子供のいる人のみの回答。

●下流老人は健康と孫、上流老人は家族団らんが幸福度を上げる

次に金融資産別に分析する。500万円未満の老人について「幸せである」が「幸せではない、どちらともいえない」より多い順に並べると、「自分が健康だと感じる時」「家族と楽しく話している時」「孫の顔を見た時」「親戚と楽しく話している時」「子供がやさしくしてくれる時」などとなる。ただし、孫のいる人に限ると「孫の顔を見た時」が1位である。また既婚に限ると「配偶者がやさしくしてくれる時」が4位に来る。自分と家族が健康で仲良くいられることが重視されている（図4-3）。

次に、2000万円以上の人についても「幸せである」が「幸せではない、どちらともいえない」より多い順に並べると、「家族と楽しく話している時」「家族全員が健康だから」「配偶者がやさしくしてくれる時」「子供がやさしくしてくれる時」「孫の顔を見た時」「親戚と楽しく話している時」など。資産別に特に大きな違いはないものの、2000万円以上の老人のほうが若干仕事に関する項目が上位に来る（図4-4）。

また500万円未満でも2000万円以上でも、「幸せではない、どちらともいえない」人は、「嫌な人に会わないですんでいるから」が多い。500万円未満の「幸せではない、どちらともいえない」人では「嫌な仕事をしなくていいから」も多く、幸せではない人は、仕

下流幸福老人は健康、家族や親族との関係が重要

図4−3　幸福度別・幸福だと思う時（複数回答）（金融資産500万円未満の人）
〜「幸せである」と「幸せではない、どちらともいえない」の差が大きい順

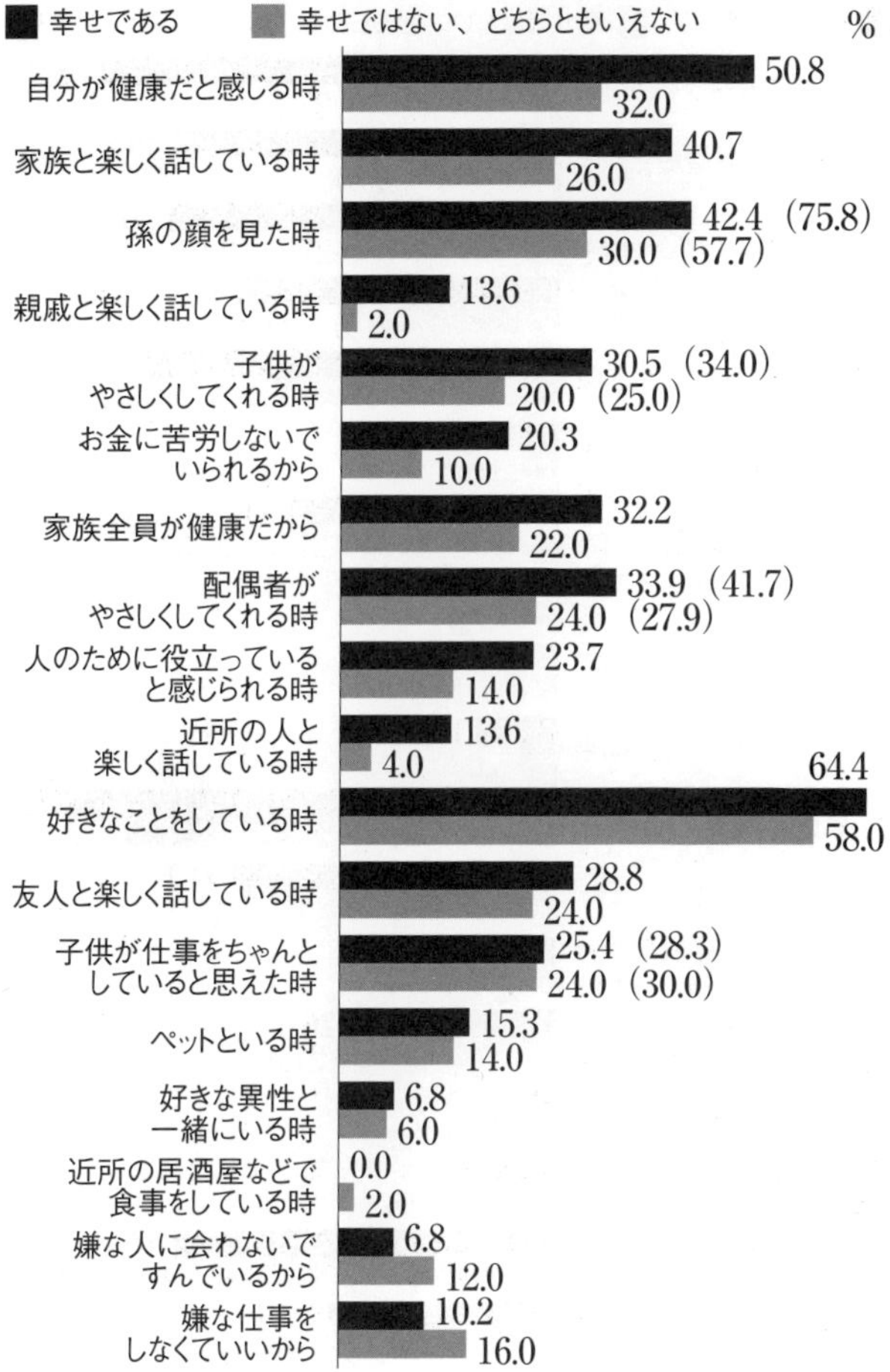
幸せである
幸せではない、どちらともいえない
%
自分が健康だと感じる時 50.8 32.0
家族と楽しく話している時 40.7 26.0
孫の顔を見た時 42.4（75.8） 30.0（57.7）
親戚と楽しく話している時 13.6 2.0
子供がやさしくしてくれる時 30.5（34.0） 20.0（25.0）
お金に苦労しないでいられるから 20.3 10.0
家族全員が健康だから 32.2 22.0
配偶者がやさしくしてくれる時 33.9（41.7） 24.0（27.9）
人のために役立っていると感じられる時 23.7 14.0
近所の人と楽しく話している時 13.6 4.0
好きなことをしている時 64.4 58.0
友人と楽しく話している時 28.8 24.0
子供が仕事をちゃんとしていると思えた時 25.4（28.3） 24.0（30.0）
ペットといる時 15.3 14.0
好きな異性と一緒にいる時 6.8 6.0
近所の居酒屋などで食事をしている時 0.0 2.0
嫌な人に会わないですんでいるから 6.8 12.0
嫌な仕事をしなくていいから 10.2 16.0

資料：カルチャースタディーズ研究所+三菱総合研究所「シニア追加調査」2015

注：（　　）内は、それぞれ孫のいる人のみ、既婚者のみ、子供のいる人のみの回答。

上流幸福老人は夫婦や子供との団らんが大事

図4−4　幸福度別・幸福だと思う時（複数回答）（金融資産2000万円以上の人）
〜「幸せである」と「幸せでない、どちらともいえない」の差が大きい順

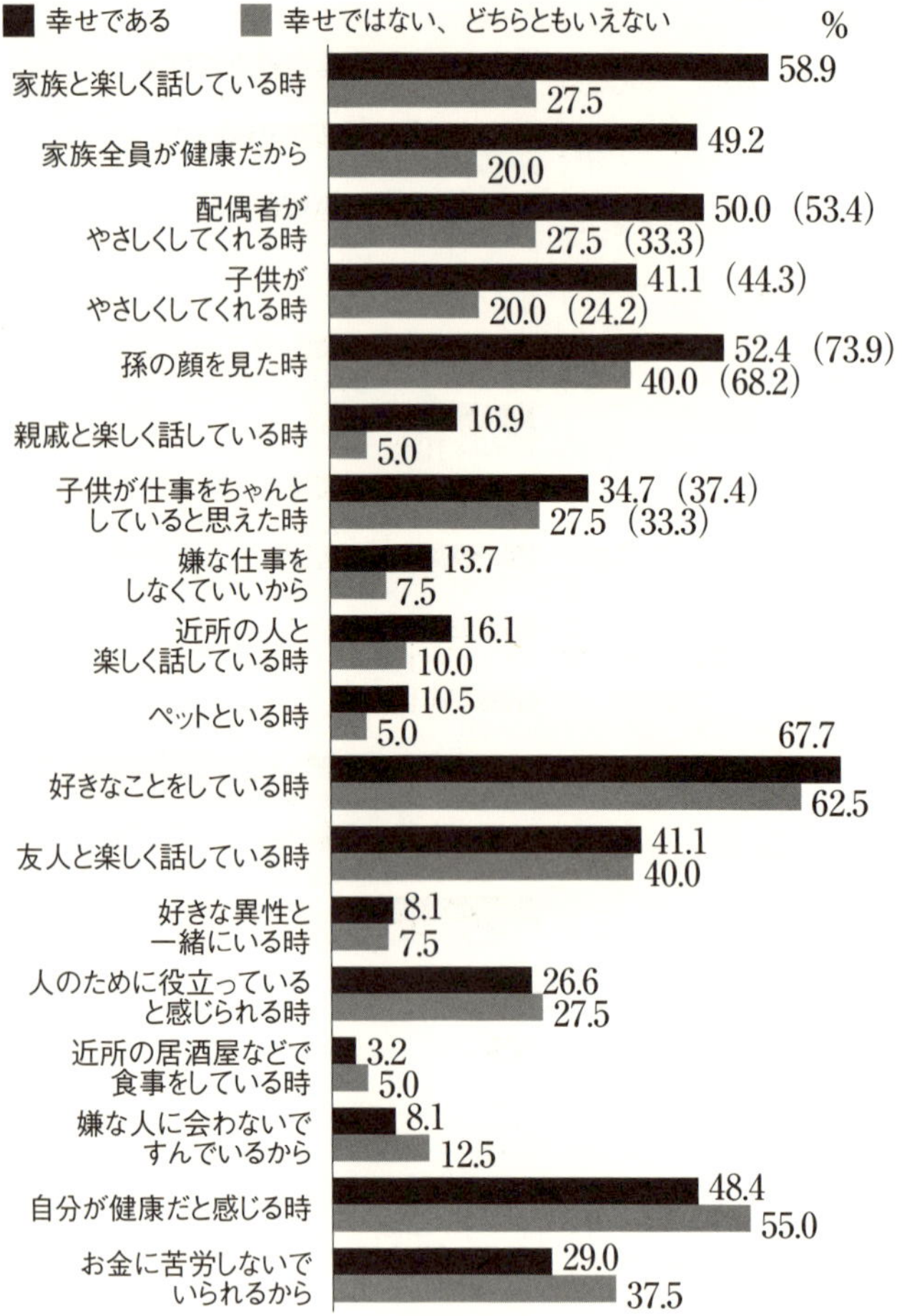

幸せである
幸せではない、どちらともいえない
%
家族と楽しく話している時 58.9 27.5
家族全員が健康だから 49.2 20.0
配偶者がやさしくしてくれる時 50.0（53.4） 27.5（33.3）
子供がやさしくしてくれる時 41.1（44.3） 20.0（24.2）
孫の顔を見た時 52.4（73.9） 40.0（68.2）
親戚と楽しく話している時 16.9 5.0
子供が仕事をちゃんとしていると思えた時 34.7（37.4） 27.5（33.3）
嫌な仕事をしなくていいから 13.7 7.5
近所の人と楽しく話している時 16.1 10.0
ペットといる時 10.5 5.0
好きなことをしている時 67.7 62.5
友人と楽しく話している時 41.1 40.0
好きな異性と一緒にいる時 8.1 7.5
人のために役立っていると感じられる時 26.6 27.5
近所の居酒屋などで食事をしている時 3.2 5.0
嫌な人に会わないですんでいるから 8.1 12.5
自分が健康だと感じる時 48.4 55.0
お金に苦労しないでいられるから 29.0 37.5

資料：カルチャースタディーズ研究所+三菱総合研究所「シニア追加調査」2015

注：（　　）内は、それぞれ孫のいる人のみ、既婚者のみ、子供のいる人のみの回答。

上流老人は子供や孫と過ごす時に幸せを感じる（時事通信社）

事を含めた人間関係が苦手であり、そこから解放されたことが幸福の実感につながっているのだと思われる。

●お金があって友人がいないより、お金がなくても友人がいるほうが幸福

金融資産別・幸福度別に友人と余暇を楽しむかを見ると、資産の多い少ないにかかわらず、幸せな人ほど友人と余暇を楽しむ機会が多く、幸せでない人ほど機会が少ないという、はっきりした比例関係が見られる（図4-5）。シニアに限らないだろうが、友人関係と幸福度には大きな関係があると言える。

特に、資産が多くなるほど「幸せ」な人は友人と余暇を楽しむ人が増える傾向がある。資産が多い人のほうが仕事を通じて広げた交友関係も広いだろうし、お金があるから様々な会合、パーティなどに出席して知人を増やしてきたのだろう。だから、資産が多い人ほど、余暇を友人と一緒に楽しむ機会が増えたとしてもおかしくない。

一方、「幸せではない」人で友人と余暇を楽しむ人は資産の大小にかかわらず2割弱しかない。逆に資産500万円未満で「幸せ」な人は、友人と余暇を楽しむ人は30%である。お金があって友人がいないよりも、お金がなくても友人がいるほうが幸福度が増すのである。

幸福老人ほど友人関係を楽しんでいる

図4−5　金融資産別・幸福度別・友人と余暇を楽しむか

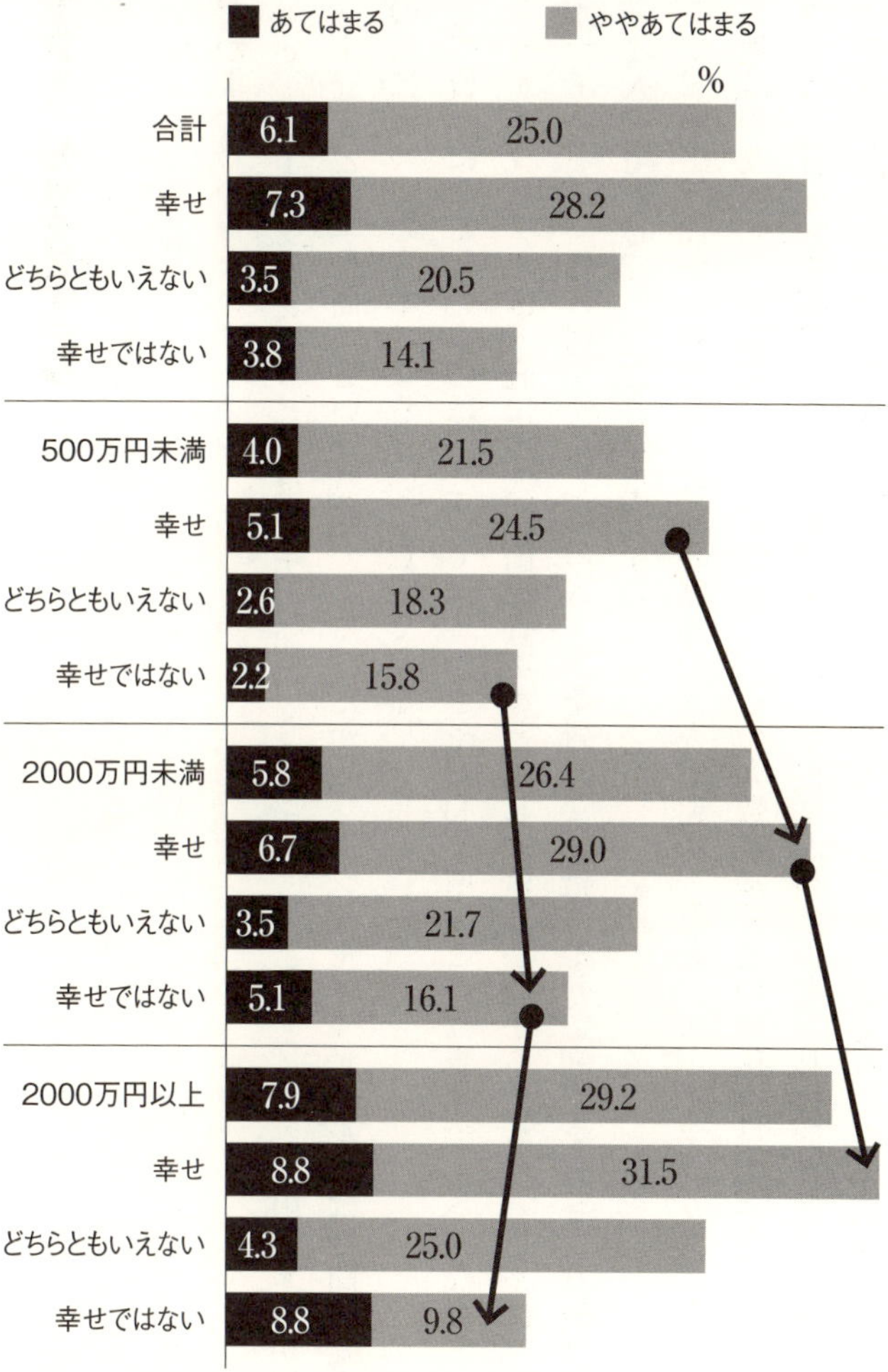

あてはまる
ややあてはまる
%
合計
6.1
25.0
幸せ
7.3
28.2
どちらともいえない
3.5
20.5
幸せではない
3.8
14.1
500万円未満
4.0
21.5
幸せ
5.1
24.5
どちらともいえない
2.6
18.3
幸せではない
2.2
15.8
2000万円未満
5.8
26.4
幸せ
6.7
29.0
どちらともいえない
3.5
21.7
幸せではない
5.1
16.1
2000万円以上
7.9
29.2
幸せ
8.8
31.5
どちらともいえない
4.3
25.0
幸せではない
8.8
9.8

資料：三菱総合研究所「シニア調査」2015

●手を貸す、知恵を貸す関係

このような友人、趣味の仲間を、最近社会学などでは「ソーシャルキャピタル social capital」という。日本語では「社会関係資本」と訳されるが、それでは何だかよくわからない。

social（ソーシャル）とはラテン語のsocius（ソキウス）に由来するが、sociusとは「仲間」という意味である。だからソーシャルキャピタルとは仲間や友人がその人にとっての資本になるという意味である。

そして資本になるというのは、ここでは豊かさや安心を増すという意味である。なので、ソーシャルキャピタルは素直に「人間関係資本」と訳したほうがわかる。もっと言えば「友達資本」である。一緒に何かを楽しめる人、手を貸したり借りたり、知恵を貸したり借りたりできる人を増やしていくことが重要なのだ。

そこで、学生時代からの友人、以前の職場の友人、趣味・教養・スポーツの友人、今住んでいる地域の友人、今の職場の友人について、その人数と幸福度の関係を見てみた。

男性では、特に学生時代の友人の数が多いほど幸福度が高まった。具体的には、学生時代の友人が0人だと「幸せ」な人は56％だが、11〜20人だと79％に増えるのだ（図4-6）。

男性は学生時代や以前の職場の友人数が大事

図4−6　分野別の友人数別・幸福度（男性。「とても幸せ」「幸せ」の合計）

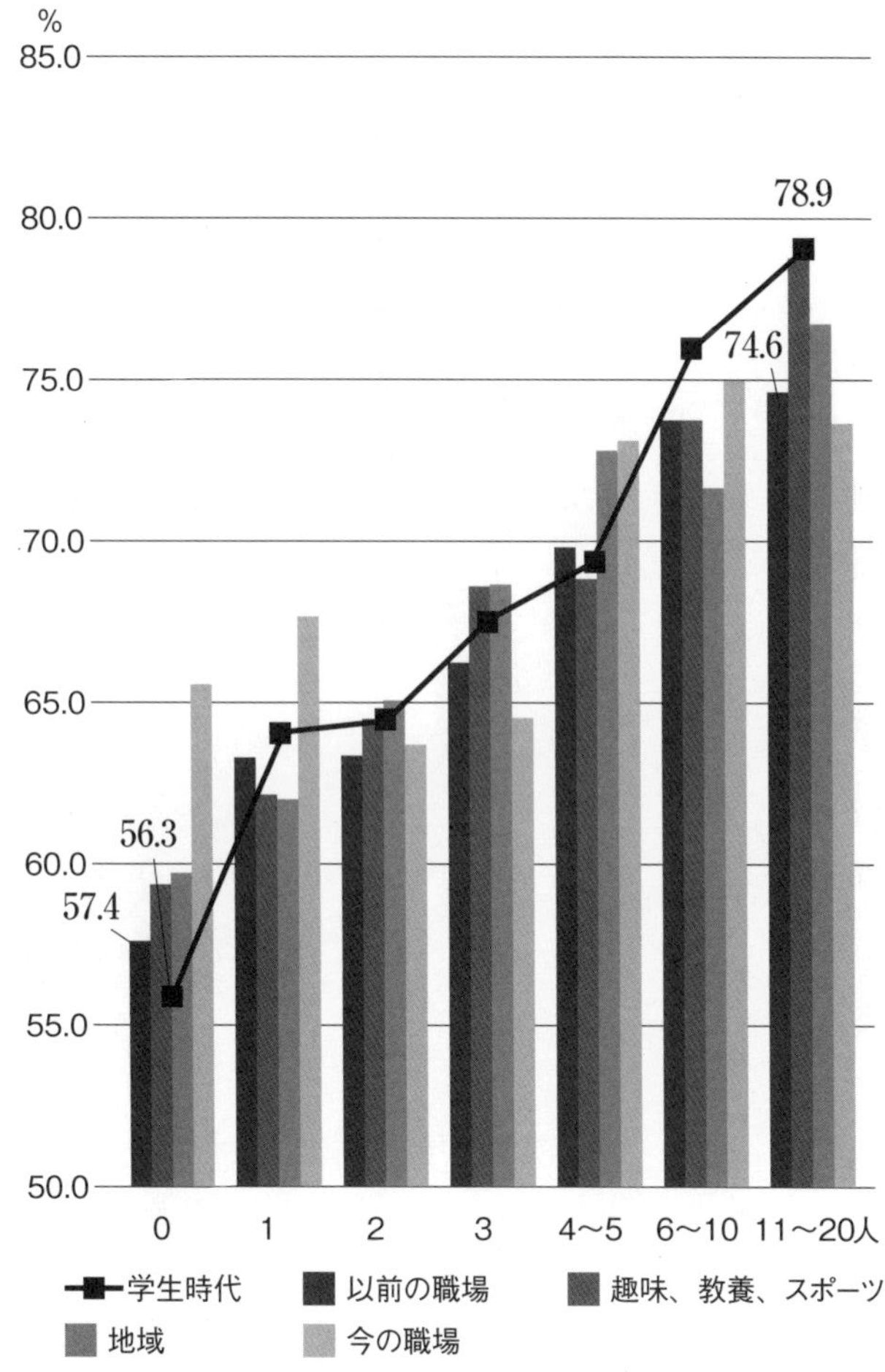

資料：三菱総合研究所「シニア調査」2015

ただし、今の職場の友人数の幸福度への影響はあまり大きくない。

一方、女性は、学生時代や以前の職場の友人数と幸福度は男性ほどきれいに比例はしないものの、やはりある程度相関している。それよりもはっきりしているのは、趣味・教養・スポーツの友人の数である。友人が0人だと「幸せ」な人は56％だが、11～20人だと83％に増えるのである（図4-7）。

●男性が地域に友人を増やせるようにするには

1人暮らしのシニアに限ると、各分野における友人の数が多いほど幸福度が上がるという傾向はあまり顕著ではなくなる。とりわけ男性の場合、地域の友人が1～2人でも6人以上でも「幸せ」である人は4～5割である（図4-8）。

男性の場合、趣味・教養・スポーツの友人も、多いほど幸福になるとは言い切れない。むしろ友人が3～5人の男性で「幸せ」な人が54％と、最も多い（図4-9）。

男性の幸福度を上げるのが友人の多さではないということは、今後大きな問題になる可能性がある。1人でいるのが幸せな人に無理矢理友人をつくらせる必要はないが、健康が低下し、出歩く機会が減ると、何かの不測の事態が起きた時に友人数が多いことが重要になる。

女性は趣味・教養・スポーツの友人が多いほど幸福

図4−7　分野別の友人数別・幸福度（女性。「とても幸せ」「幸せ」の合計）

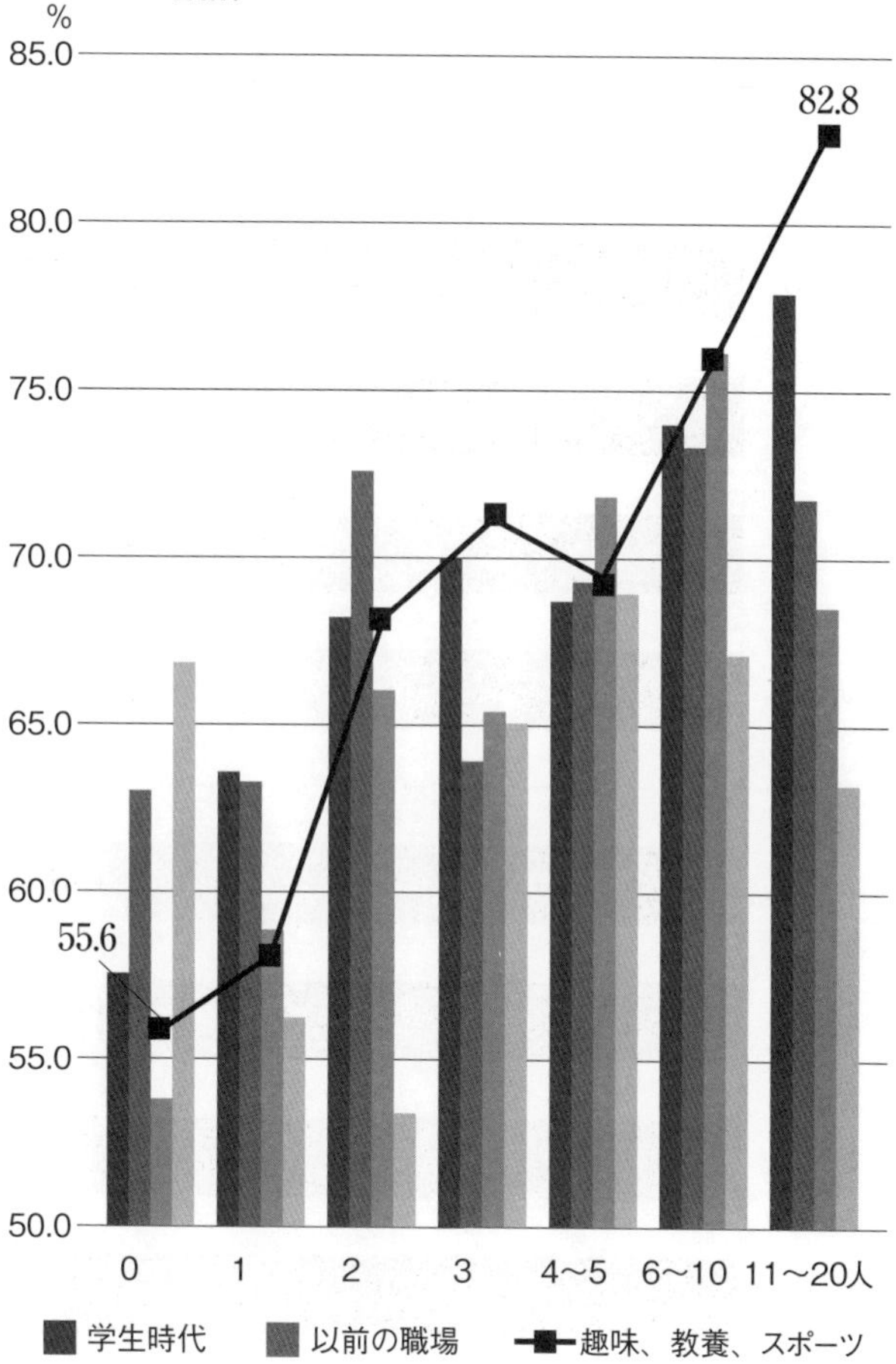

資料：三菱総合研究所「シニア調査」2015

1人暮らし男性は地域の友人では幸福になれないのか？

図4－8　1人暮らしの男女別・今住んでいる地域の友人数別・幸福度

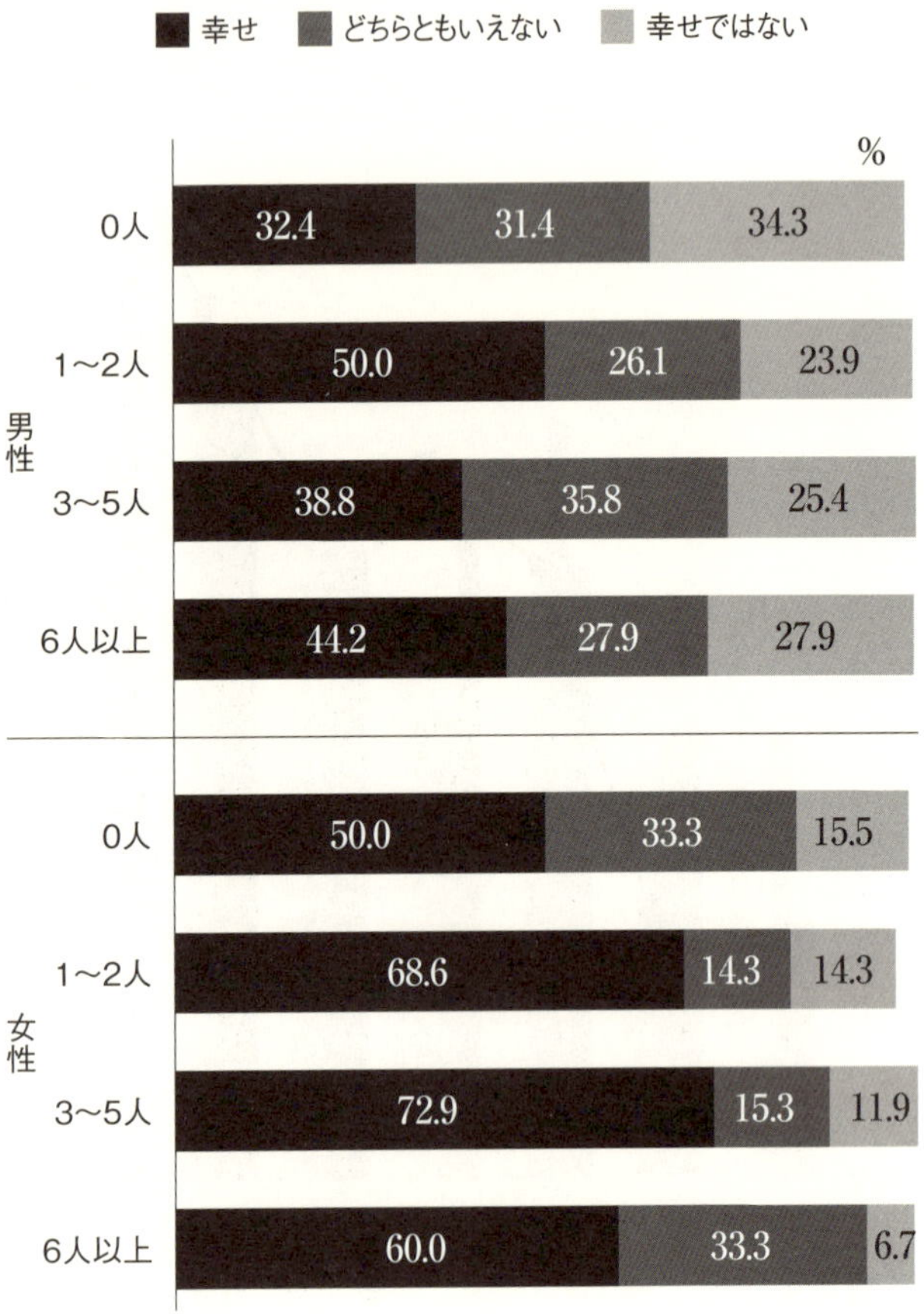
幸せ
どちらともいえない
幸せではない
%
男性
0人
32.4
31.4
34.3
1～2人
50.0
26.1
23.9
3～5人
38.8
35.8
25.4
6人以上
44.2
27.9
27.9
女性
0人
50.0
33.3
15.5
1～2人
68.6
14.3
14.3
3～5人
72.9
15.3
11.9
6人以上
60.0
33.3
6.7

資料：三菱総合研究所「シニア調査」2015

1人暮らしのシニアは同じ趣味の友人が多いと幸福になる

図4−9　趣味・教養・スポーツの友人の数別・幸福度（1人暮らしの男女別）

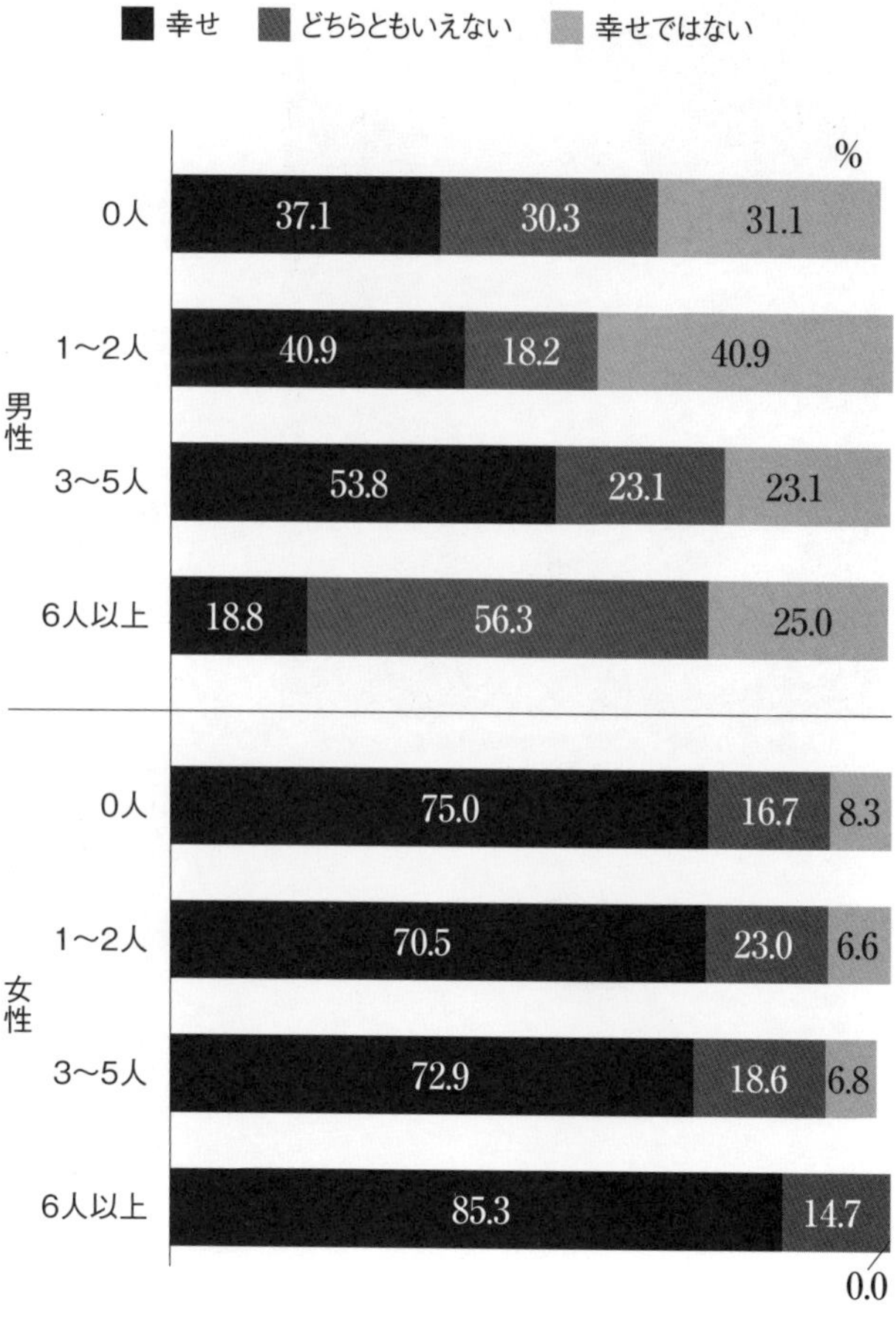

幸せ
どちらともいえない
幸せではない
%
男性
0人
37.1
30.3
31.1
1〜2人
40.9
18.2
40.9
3〜5人
53.8
23.1
23.1
6人以上
18.8
56.3
25.0
女性
0人
75.0
16.7
8.3
1〜2人
70.5
23.0
6.6
3〜5人
72.9
18.6
6.8
6人以上
85.3
14.7
0.0

資料：三菱総合研究所「シニア調査」2015

よく言われるように、男性が若いころから地域に友人を増やせることも必要である。あるいは、隣近所の友人でなくても、趣味や居酒屋やSNSでの友人でもいいだろう。「あいつ今日見ないけど、どうかしたかな」と心配してくれる人がいることが大事である（109ページ参照）。

1人暮らしの女性シニアは、趣味の友人が多いと幸せ
（時事通信社）

●下流で強欲な人がいちばん不幸

最後に、人生に対する価値観の違いを見ると、「金持ちになり、高級品を持ちたい」人の割合は、全体では19％だが、「幸せではない」人では29％と多い（図4-10）。

特に金融資産500万円未満でかつ「幸せではない」人では35％である。資産が形成できずに不幸だと思っている人は、年をとってもまだお金や高級品に執着している人なのだ。だから、お金も高級品も持てなかった今の自分を不幸だと思い、かつ、まだこれからでもお金が欲しいと思っているのである。

逆に資産2000万円以上で「幸せ」な人で「金持ちになり、高級品を持ちたい」のは18％だけである。

2000万円以上で「幸せではない」人でも「金持ちになり、高級品を持ちたい」人は22％しかない。すでにお金も高級品も持っているからだろうが、お金があっても不幸な人は、お金ではない部分で不幸だからこそなのだ。

それにしても、下流で金持ちになって高級品を持ちたいという人は、いったいどんな物が欲しいのだろう？

下流・不幸老人は金持ちになりたい人

図4―10　金融資産別・幸福度別・「金持ちになり、高級品を持ちたい」人の割合

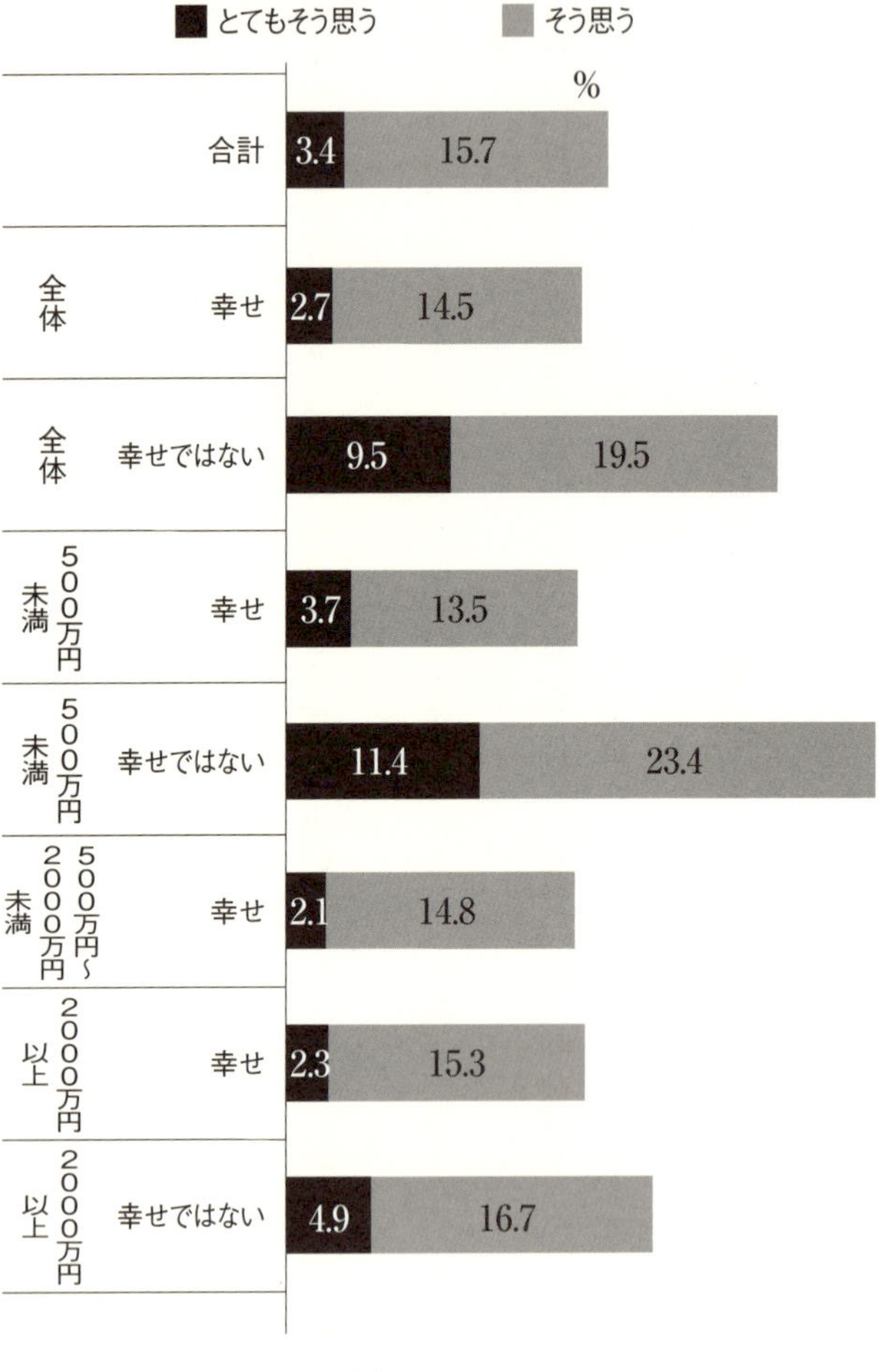

とてもそう思う
そう思う
%
合計
3.4
15.7
全体
幸せ
2.7
14.5
全体
幸せではない
9.5
19.5
500万円未満
幸せ
3.7
13.5
500万円未満
幸せではない
11.4
23.4
500万円〜2000万円未満
幸せ
2.1
14.8
2000万円以上
幸せ
2.3
15.3
2000万円以上
幸せではない
4.9
16.7

資料：三菱総合研究所「シニア調査」2015

対して、「自分ひとりの幸せよりもみんなの幸せを考えたい」という価値観の人は、全体では59％だが、「幸せ」な人では64％、「幸せではない」人では53％である（図4-11）。幸せな人は自分以外の人々の幸せを考える心のゆとりがあるということだ。

金融資産別では、500万円未満でかつ「幸せ」な人は、「自分ひとりの幸せよりもみんなの幸せを考えたい」人が64％、500万円～2000万円未満の人では67％、2000万円以上の人では63％である。つまり「自分ひとりの幸せよりもみんなの幸せを考えたい」人は、金融資産が多いか少ないかにかかわらず、「幸せ」な人の共通の価値観なのである。

逆に、500万円未満でかつ「幸せではない」という「下流・不幸老人」は「自分ひとりの幸せよりもみんなの幸せを考えたい」人は46％だけである。前述のように、500万円未満でかつ「幸せではない」人で「金持ちになり、高級品を持ちたい」人が35％と多かったことをあわせて考えると、下流・不幸老人に問題が浮かび上がる。

●幸福老人は、自分ひとりの幸せよりもみんなの幸せを考える

他人の幸せを考えるということは、必ずしも自己犠牲ということではないだろう。自分の幸せを拡大しつづけることより、他者を信頼し、だれもが幸せになることに共感することを通じて自分の幸せを増やせる人だということであろう。

幸福老人は自分よりもみんなの幸せを考える人

図4−11　金融資産別・幸福度別・「自分ひとりの幸せよりもみんなの幸せを考えたい」人の割合

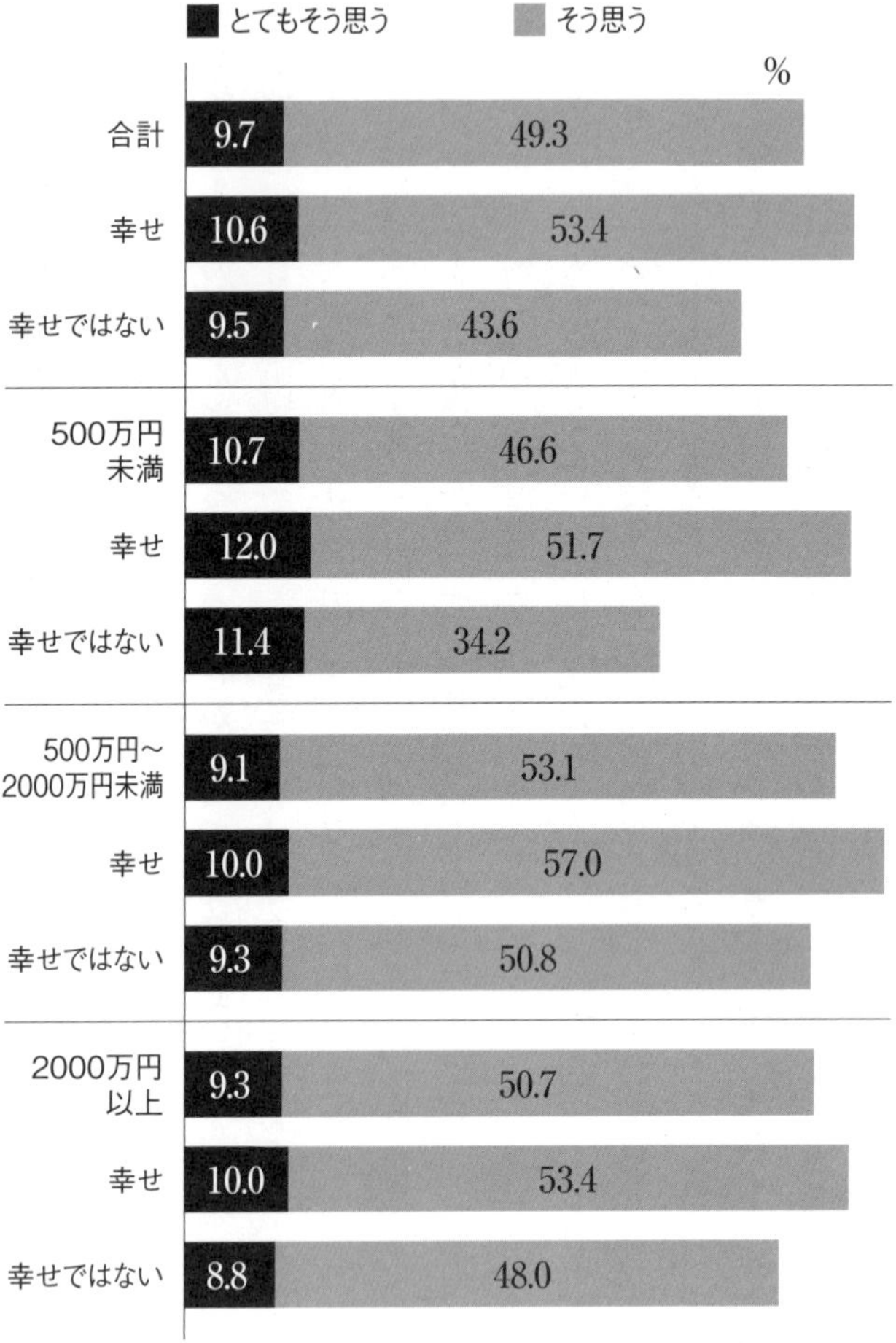

とてもそう思う
そう思う
%
合計
9.7
49.3
幸せ
10.6
53.4
幸せではない
9.5
43.6
500万円未満
10.7
46.6
幸せ
12.0
51.7
幸せではない
11.4
34.2
500万円〜2000万円未満
9.1
53.1
幸せ
10.0
57.0
幸せではない
9.3
50.8
2000万円以上
9.3
50.7
幸せ
10.0
53.4
幸せではない
8.8
48.0

注：合計には「どちらともいえない」「わからない」を含む。
資料：三菱総合研究所「シニア調査」2015

第5章

多世代共生、多機能、参加型社会が幸福老人を増やす

●社会問題解決のための提案

これまで見てきたように、資産の少ない下流老人であっても、幸福を感じるには、夫婦関係、子供や孫などの家族関係はもちろん大事だが、隣近所との人間関係も大事である。

だが、夫婦はいつか一人になるし、子供は遠くに住んでいるかもしれない。だから親戚づきあいや近所づきあいは、生活の質を高める上で重要な意味を持つ。そしておそらく、向こう三軒両隣を超えた、いわゆる地縁とか、ご近所とかではない、もっと広い人間関係づくりも重要になるだろう。昔からつきあってきた同世代の友人などだけでなく、若い世代とのつきあい、つながりも重要になっていくだろうと私は考える。

こうした点については、私はかねてから、ささやかながら提案をしてきたつもりである。すでに『「家族と郊外」の社会学』(1995)において、郊外ニュータウンが同年代・同階層の核家族だけの均質な空間であることを批判し、より多様な世代、多様な属性の人々が混ざり合った住宅地の必要性を唱えた。そして『ファスト風土化する日本』(2014)では、高齢者比率が高まり、空き室も増えた古い団地では、空き室に若い人を安く入居させ、そのかわりに若い人に団地に住む高齢者の生活の見守りや支援をしてもらえばいいと提案し、このように運営される団地を私は「社会問題解決型団地」と名づけた。もちろん団地でなくても一般の住宅地でも同じである。

また『脱ファスト風土宣言』（２００６）では、さびれた商店街の空き店舗に安い家賃で若者の店を入れることを提案した。『第四の消費』（２０１４）、『これからの日本のために「シェア」の話をしよう』（２０１１）ではシェアハウスに注目した。そして、シェアハウスの人気の理由から、今後の高齢社会の問題を解決する要素がシェアハウスの中にいち早く取り入れられていることを分析した。したがって、単にシェアハウスに住むだけがシェアなのではなく、地域全体、社会全体が「シェアタウン」「シェア社会」になるだろうと予測したのである（『3・11後の建築と社会デザイン』〈２０１１〉も参照）。

言うまでもなく、我が国の人口が既に減少し始めており、国立社会保障・人口問題研究所によれば２０５０年ごろには1億人を切り、世帯数も２０２０年をピークに減り始め、20年から35年にかけて３５０万世帯ほどの減少になると推計されている。２０１５年時点の推計では、日本の人口の26・8％、３３８５万人が65歳以上であり、80歳以上だけでも１００２万人に達している。

世帯で減少するのは主に「夫婦と子どもからなる世帯」であり、ピーク時の１９８５年の１５１９万世帯から２０１０年は１４４７万世帯になり、２０３５年には１１５３万世帯に減る。それに対して、単独世帯は1679万世帯から1846万世帯に増加する。夫婦と子供の世帯よりも700万世帯ほど多くなるのである。

そこで問題なのは、「はじめに」でも見たように、65歳以上の1人暮らし世帯が増えるという点だ。第二次ベビーブーム世代が60代になるからである。80歳以上の1人暮らし世帯だけでも157万世帯から295万世帯に増える（図0－1）。

さらに、1人暮らしをしている高齢者の多くが、大きな持ち家に住んでいる。2008年の「住宅・土地統計調査」によると、持ち家に住む夫婦いずれかまたは夫婦ともに65歳以上の夫婦のみ世帯440万世帯のうち、部屋数5室以上に住む世帯は333万世帯である。そして1人暮らし世帯268万世帯のうち、部屋数5室以上に住む世帯は169万世帯である。つまり、空き室が多いことが推測されるのだ。

●シェア型社会

このように、子供が独立したなどの理由から、夫婦2人あるいは1人暮らし世帯で5室以上に住む世帯が大量にいる。これらの家はいずれは空き家になる。「住宅・土地統計調査」によれば2013年の空き家数は820万戸である。

こうした空き室、空き家をもっと活用したらどうかという提案も『東京は郊外から消えていく！』（２０１２）などでしてきた。そして私は、これからは、中古住宅をリノベーションすることによって不動産の価値を再創造し、シェアハウス、シェアオフィス、店舗、コミュニティスペースなど、様々な用途に活用していくことが望ましいと主張してきた。

私も少し調査設計に協力した国立研究開発法人建築研究所の２０１３年末の調査でも、未婚1人暮らしの20～24歳女性の42％、25～29歳では31％がシェアハウスに住んでみたいと回答している（「賃貸集合住宅の防犯に対する女性の意識調査報告書」）。

シェアハウスの利点は何か。まず、みんなが一緒に住むから楽しく、特に女性が住む場合、防犯面でも安心感がある。また、家具、家電、食器などが備わっているので引っ越しに伴うコストが少ない。したがって自由業、非正規雇用者、長期出張が多い人、外国人でも住みやすい。さらに、中古住宅をリノベーションしたものが多いため、モダンなものからレトロな古民家まで、外観も内装も個性的である（『第四の消費』〈２０１２〉参照）。

今後、中高年の1人暮らしが増えていくと、こうしたシェアハウスの利点に価値を置く人が増えるはずである。実際、シェアハウスに住みたいという人は若い人だけでなく、中高年の未婚・離別・死別者、あるいは新婚や子供のいる人でも増えている。高齢者と若い世代が一緒に住むシェアハウスもできた。高齢者は若い人から刺激を得るし、若い人は高齢者から知識と経験を学べる、これからの時代に増えるべき住み方である。

部屋数の多い家に1人か2人で住んでいる高齢者が、空いた部屋を貸しに出すホームシェアという活動も増えてきた。それにより家賃収入が入るだけでなく、若い人との交流、コミュニティが生まれることがホームシェアのメリットである。

このように、これからの日本の住まいは、超高齢社会、特に高齢の単独世帯が増えることを大前提としながら、狭義の福祉政策に依存するのではなく、家族以外の人びとが、あまりお金をかけずに、相互に助け合い、刺激し合いながら暮らすための都市づくり、コミュニティづくりを考えていくべきなのだ。

●スキルをシェアする

そのとき重要なのは、第4章でも述べたが、お互いに手を貸す、知恵を貸す、という関係づくりである。これについては『これからの日本のために「シェア」の話をしよう』で「時間貯蓄」という試みを紹介した。これは上海の高層マンションでの取り組みであり、住民が自分のスキル（料理が得意とか、英語が教えられるとか、大工仕事ができるとか）を住民全体に公開し、そのスキルを時間単位で交換するのである。たとえば、英語を1時間教えると時間貯蓄の通帳に1時間分が増える。その1時間分を使って、部屋の修理を1時間頼む、という仕組みである。

これと同じ取り組みは、茨城県の井野団地でも行われており、団地の住民が自分が得意なことを貯蓄するので、「とくいの銀行」という。

また『これからの日本のために「シェア」の話をしよう』では、パリの1人暮らしの老人が、パリに住みたいがお金がない若い人をただで一緒に住まわせて、生活を介助してもらうという活動も紹介した。

それと関連して、最近パリを舞台とする『パリ3区の遺産相続人』という映画を見たら、高級アパルトマンに住む92歳の女性が自宅で英会話を教えるかわりに、生徒から牡蠣とそのための手作りソースをもらったり、主治医を務めてもらったりしていた。大都会の真ん中で、近所づきあいとはちょっと違うが、お金を使って物を買うだけではない暮らしが営まれている。パリは一見お金がいくらあっても足りない消費都市に見えるが、その裏ではこんな工夫があるのだなと感心した。

●「共食」と「老若男女共学」によるコミュニティ

『東京は郊外から消えていく！』や『日本人はこれから何を買うのか？』（2013）では、今後1人暮らしの老人が増え、空き家が増える郊外ニュータウンに、空き家を活用して「コムビニ」をつくることを提案した。

コムビニとは、全国一律の消費空間としてのコンビニエンス・ストアではなく、地域ごとに住民のニーズを満たすコミュニティ・コンビニエンス・プレイス（＝コムビニ）community -convenience placeである。学問的にはコミュニティリビングというらしい。家の中にリビングルームがあるように、地域社会の中にコミュニティリビングがあって、地域の人々が集まって話したり、食べたり、学んだりするのだ。

コムビニは、駅前や繁華街にあるのではなく、またコンビニのように道路沿いにあるのでもなく、高齢者が簡単に行けるように、3分も歩けば着けるような住宅地の中につくられる。そこには日常最低限の必需品を買える小さな店があり、その他にも特に用事がなくても住民が気軽に集まれる場所にするため簡単な飲食店が併設される。いつも一人で食事をしがちなおひとりさまが、気軽に立ち寄れる地域内の飲食店、簡単な定食屋のたぐいである。夜は少しお酒も出る。店舗は企業が経営しても、住民やＮＰＯが経営してもよい。

コムビニの庭にはイスとテーブルがいくつか置いてあり、売っている食品をそこで食べることもできる。さらにマッサージを受けられるとか、インターネットを通じた簡単な診察ができるとか、ペットのトリミングスタジオがあるとか、理髪店、美容室などが出張に来るとか、カルチャー教室があるなどの各種のサービスが提供される。

それから便利屋が必要だ。高齢者になると電球を替えるのでも、ちょっと重い物を動かすのでも一苦労である。だから、家事を含めた日常生活全般の困ったことを解決する便利屋にコムビニからいつでも仕事が頼めるようにしておく。2階はシェアハウスかシェアオフィスにする。先ほどの社会問題解決型団地と同様、シェアハウスの家賃を安くして、そのかわりに1階の店舗などで無償または安価で働くようにしてもよい。

このようにコムビニは、単に物を買うだけでなく、むしろ生活に必要な最小限のサービスを提供する拠点であり、住民が老いも若きも、1人暮らしも子ども連れも一緒に集まり、一緒に食べ、くつろぎ、教え合い、学び合う場所である。「共食」と「共学」(「男女共学」ならぬ「老若男女共学」)によってコミュニティの質が高まっていくのである。

実際、コムビニ的な活動は増えてきたし、シェアをコンセプトとする場所づくり、シェアタウンづくりも増えている。以下では、私が今注目する事例を紹介する。

阿佐谷おたがいさま食堂

参加者それぞれ違った目的で来てかまわない、それが居心地のよさをつくる

杉並区の不動産会社、株式会社エヌキューテンゴの齊藤志野歩《さいとうしのぶ》さんが本業とは別に始めたごはんを一緒に食べるという活動。齊藤さんに話を聞いた。

■自分が思っている「楽しい」が、ほかの人の「楽しい」と同じとは限らない

「今日はお寿司」とか「コロッケ」とか、おおざっぱなメニューを事前に設定しておくだけで、あとは参加者が相談して決めます。参加者は15人だったり30人以上だったりですが、商店にみんなで出かけていって、お店の人と話しながら買い物をします。みんなでワイワイいいながら「副菜はこれにしよう」、「この材料はこれに使おう」と料理をつくるんです。

料理教室ではないので、先生も生徒もいない。そうすると「なるほどこういう調理の仕方ってあるんだね」とか「わたしのふるさとではこういう食べ方をします」とか、お互いに知恵を交換することもできる。

つくる人と食べる人の区別もありません。わたしも隣の人のためにつくるし、隣の人もわたしのためにつくってくれる。関係性がおたがいさまなので、「阿佐谷おたがいさま食堂」というわけです。

こうした活動を始めたきっかけは子育てです。子供を出産し、復職したころ、子供とふたりだけの食事づくりが非常につらかった。でも、ごはんが豊かじゃない人って、こういう家庭だけじゃない。1人暮らしのサラリーマンとか、お年寄りとか、毎日、牛丼やコンビニのお弁当ですませている人もたくさんいます。そういう近所のいろんな人も誘えばおもしろくなりそう。そこで共同キッチンをつくろうと考えついたんです。

地元の仲間といっしょに商店街の活性化イベントという位置づけで助成金をいただき、2013年の夏に「阿佐谷もちより食堂」を開催しました。商店街の空き店舗をつかわせてもらい、商店街で買ってきたものを持ち寄って食べるイベントです。キッチンはなかったのでテイクアウトのみでしたが、商店街で買ったものを持参してみんなで食べました。その後、商店街にたまたまキッチンスタジオがあったので、助成金でスタジオを借り、トライアルとして4回、そこでみんなでつくって食べる「阿佐谷おたがいさま食堂」をやりました。なぜこうした活動を始めたのかといえば、「そういうものがある暮らしが楽しそ

阿佐谷おたがいさま食堂の様子

うに思えたから」ということにほかなりません。

助成期間が終わってからも、「次はいつですか?」と問い合わせがあり、だったら続けてみようかということになりました。初回は私の知り合い12人でしたが、次第にみんなが知り合いを呼んできて参加者が増えていきました。

活動をしてみてわかってきたことは、「多様性に出会うことは楽しいし、案外多様性を楽しむことができるもんだ」ということ。「仲良くなろう」とか「同じ仲間じゃん!」と考えれば考えるほど、居心地は悪くなる。それぞれが違っていていい。自分が思っている「楽しい」が、ほかの人と同じとは限らない。阿佐谷おたがいさま食堂の目的うんぬんではなく、参加者それぞれ違った目的で来てかまわない、というのが居心地のよさになっていると思います。

■参加する高齢者の反応

これまでの参加者は0歳から最高齢は82歳でしたが、65歳以上は割合としては決して多くない。SNSというツールがあってこその「ゆるいつながり感」が、高齢者には理解しにくいこともあるのかもしれないと思います。

全体の男女比は2対3くらい。50代以上だと1対3、60代以上だと1対2くらい。男女とも30代、40代が多いが、親子で来ているのは4分の1くらい。その他は、家族はいても一人で来ているか、単身の人。

参加する高齢者の方々を見ていると、

・「若い人といると生き返る感じ」とか、「久々にヨチヨチ歩きの子供を抱っこできてうれしい」とか、食べる以外のことで、だいぶ元気になる。

・ずっと家で台所をあずかってきたけれど、いまのように料理教室があったわけでも、レシピ本がたくさんあったわけでもない世代なので、自分の料理に自信のない（他人様に出すようなものではないと思い込んでいる）方も多い。つまり料理が他者と交換できるスキルだと思っていない。でも、グーグルですぐ調べてしまう私たちの世代と違って、料理中に「勘がはたらく」とか「いい塩梅」みたいなことが体に染み付いていて、私たちもそれを面白がって、そういう人が来るとみんなグーグル先生やクックパッド先生よりも、その塩梅を信じることが多い。

・一方、男性陣は、指示系統のはっきりしない「ふんわりした場」に最初は戸惑うようだ。「で？　俺は何すればいいの？」とか「難しいことはできない」などという人や、

「仕切っちゃう」人もいるが、阿佐谷おたがいさま食堂は幸いに、そういう人に笑ってツッコミをいれる人が多く、なんとなくフラットになっていく。

・「料理ぜんぜん無理です！」という人もだんだん開き直って楽しそうにやっている。定年して料理ぐらいは……と思うけど、家で台所に入ると奥さんに怒られる。料理教室に行くのも気恥ずかしいので、失敗ＯＫな阿佐谷おたがいさま食堂が丁度いいらしい。

・「年をとると、食欲がなくなる・少食になるので、食事が楽しくなくなってしまう。ここだと楽しく食べられるし、モリモリ食べている人を見るだけで、自分も元気になる」という人もいる。

逆に、参加しない高齢者からは、どう見えているか想像すると、

・戦後に家や食卓がプライベート化する過程を「それが新しい＝いいこと！」として生きてきた世代なので、「みんなで食べる」などは、むしろ貧乏くさい感じがありそうだ。「知らない他人とご飯を食べるなんて、信じられない」と言われることも多い。ただし、そういう人は高齢者に限らないが。

・1人分の惣菜を、なぜか紀ノ国屋とかで買うような妙なブランド志向もあったりする。

・「失敗ＯＫ」みたいな感覚が高齢者には少ない。弱さを見せられない。子供に迷惑をかけたくないなど。

・高齢者は「ケアされる」ばっかりで、「失敗して苦笑いする」みたいなことを楽しくできるような場がない。そういう場がないから、自分を客観視できないし、友達もできないのだろう。

●苦手なことでつながる

阿佐谷おたがいさま食堂の活動をした経験から、齊藤さんがポイントだと感じたことのひとつに、「苦手」なことをやる、自分の得意なことからスタートしなくてもかまわない、「苦手」を差し出すと、誰かの「得意」を引きだせることがある、ということがあるそうだ。

これは私（三浦）がかねがね考えてきたことに近い。高齢者、特に男性がリタイア後、地域社会に入りにくいことは第４章でも明らかになったが、その理由のひとつも、男性が自分がいちばん得意なことを武器にして地域に入ろうとするからだろうと私は思う。男性は得意なことを自慢したがるので、煙たがられるのだ。そうではなくて二番目に得意なこと、好きだけどまだ得意ではないこと、関心はあるけどよく知らないことを契機にしたほうが、他者とつながりやすいのだろう。

okatte《オカッテ》にしおぎ 消費でも奉仕でもない新たな社会価値を広げたい

「食を中心にしたパブリックコモンスペースをつくる」をコンセプトにした「okatteにしおぎ」が2015年にできた。okatteにしおぎも齊藤さんがコーディネートした事業だ。オーナーの竹之内祥子《たけのうちさちこ》さんに話を聞いた。

■地域を拠点とするスモールエコノミーが隆盛するという予感から

okatteにしおぎは、東京のJR中央線西荻窪駅から徒歩15分の住宅街に2015年4月にオープンしました。もともとは、私が家族と居住する住宅でしたが、子育てが終わり、家族が縮小したことや、相続の問題などもあり、空いた空間をどのように活用するかという課題が浮上。アパート経営でも考えるところですが、私は、地域の高齢化や、近隣のコミュニケーションの希薄さへの懸念があったこともあり、「住み開き」など、時間と空間のシェアを行うことで、ご近所の活性化にもつなげることができないかと考えました。

また、私はこれまで30年以上マーケティング会社を経営してきましたが、今後、マスマーケティングだけではない、地域を拠点とするスモールエコノミーが隆盛していくのではないかという予測もあり、そのような活動を行いたいとも考えたんです。

2014年初め、㈱エヌキューテンゴの齊藤志野歩さんと知り合いました。齋藤さんの「おたがいさま食堂」に参加して、老若男女がフラットな関係で自由に食事をつくり、食べて楽しむ場のポテンシャルの高さを感じ、齊藤さんと㈱エヌキューテンゴのメンバー、および自然と共生する住宅設計を手掛けるビオフォルム環境デザイン室とでプロジェクトチームを組み、ブレーンストーミングをして、どんなものをつくるかを考えたんです。

2014年の夏には、こうした場所に関心のある人20人ほどに呼びかけて、ワークショップをして、空間の利用の仕方や運営の仕方を考えました。工事の際にも、見学会や草屋根づくりワークショップ、奥多摩の製材所見学会などを開催してフェイスブックで発信し、関心のある人に完成までの過程を共有してもらいました。

こうして、okatteにしおぎは、本格的なキッチン・土間・板の間・畳のコーナーがあるコモンスペースを有する、「食」をテーマとした会員制パブリックコモンスペースとして開業しました。ここは、街の人が共に食卓を囲む「まち食」を常に行える場であり、食関連のスモールビジネス（料理教室、ワークショップ、ジャムづくり、東北食材ネット通販など）のスタートアップの場所でもあります。また、2階はシェアハウスとして3組が入居し、1階の1部屋はオフィスとして使用されています。

会員は月会費1000円。コモンスペースを予約利用（有料）してイベントや

okatteにしおぎのキッチン

食事会を開いたり、平日の夕方には、皆で食事をつくって食べる〝ｏｋａｔｔｅアワー〟に参加したりします。運営管理は自分たちで行います。

また、会員の中の小商いメンバーは、追加の会費を払うことで、毎月決まった時間、営業許可のあるキッチンを使うことができます。

■バラエティ豊かな食材を食べられるのがメリット

入会については、ウェブやSNSを使って説明会を開催し、そこで趣旨に賛同してくれた人に会員になってもらいました。会員数は約70名、年齢は30代、40代を中心に20代から60代までと幅広くいます。約8割が女性ですが、男性メンバーも活躍しています。

夕飯時のｏｋａｔｔｅアワーには子連れ家族での参加も多い。プロフィールも、料理教室主催、ケータリング、パン職人、和菓子職人といった食関係者だけでなく、ワーキングマザー、デザインや映像関係、シャツ職人、1人暮らしの会社員など、さまざまです。多くの人の居住地は徒歩・自転車圏内ですが、電車を1時間乗り継いでくる人もいます。

これまで開かれたイベントとしては、「おたがいさま食堂@ｏｋａｔｔｅにしおぎ」、大分県臼杵《うすき》市の食への取り組みを記録したドキュメンタリー映画を上映し、臼杵の食材でつくった食事を提供する「『100年ごはん』上映会」、子供がつくって大人にふるまう「こどもがつくる食堂」等があります。メンバーによる料理教室やワークショップも定期的に開かれています。

また、〝okatteアワー〟では、入居者が普通に夕飯を食べていることもあれば、10名以上の人が持ち寄った食材で食卓をにぎやかに囲むこともあります。いながらにして、会員の方がつくった天然酵母パンや、自家製の漬物、ジビエ料理、そして会員の実家や知り合いから送られた無農薬の農産物など、非常にバラエティ豊かに食べられるという大きなメリットを感じています。

■ビジネス（消費）でもボランティア（奉仕）でもない新たな社会価値を生み出せる

okatteにしおぎの存在意義は、「食」をハブに、地縁だけでも趣味のコミュニティだけでもない会員相互の自由でフラットな関係性の中から、ビジネス（消費）でも、ボランティア（奉仕）でもない、新たな社会価値を生み出せる関係性を醸成する場の提供と考えています。

実際、okatteで出会った人同士で話が進み、秋田の地域おこし協力隊から送られてきた食材をｏｋａｔｔｅで料理・試食し、スカイプを通じて意見を交換するというイベントが開かれるなど、いくつかのコラボレーションも生まれつつあります。

今後は、会員を増やすだけでなく、ｏｋａｔｔｅを通じたさまざまな会員の活動がもっと活発化して新たな事業を生み、ｏｋａｔｔｅ発ブランドとして成功していくような相互支援の場や仕組みづくりを行っていきたい。今後ｏｋａｔｔｅのような場が増えていけばうれしいですね。

・ホームページ：http://www.okatte-nishiogi.com/

・Ｆａｃｅｂｏｏｋページ：https://www.facebook.com/okatte.nishiogi

タガヤセ大蔵

思わずやりたくなる、楽しいと感じることの延長線上に、福祉やまちづくりがあればいい

タガヤセ大蔵は、安藤勝信さんが、祖父が昔つくったけれど最近借り手が減ってしまった

築30年の木造賃貸アパートを「デイサービスと地域の寄合所」にリノベーションした場所だ。そのオーナー会社として安藤さんは株式会社アンディートを設立した。安藤さんに話を聞いた。

■男性も楽しみやすい

タガヤセ大蔵は、私の家族の介護をきっかけに知り合った、社会福祉法人大三島育徳会さんと一緒に始めたものです。デイサービスとしては認知症を中心に介護が必要な方10名が通所し、みんなで大きなテーブルを囲み料理を一緒につくり、一日を過ごしています。加えて月に一度、認知症に悩むご家族や本人の相談の場である「認知症カフェ」が開かれ、身近な福祉の相談場所になっています。

また近くには、私の家族が高齢で作業ができなくなってしまった畑があり、援農をしてもらいながら、デイサービスの利用者さんが野菜を収穫して、新鮮なうちに料理に使ったり、近くの保育園が収穫体験に訪れたりしています。

タガヤセ大蔵のデイサービスをご利用される方の男女比は半々。こうした施設は一般的には女性の方が多いそうですが、タガヤセ大蔵は①土地柄、土に触れていたご利用者が多かった。畑を借りていたり、世田谷市場で職員として働いていたご利用者がいる。②おいしいものを食べたいという男性が多い。おいしい食事に加え、土がついている新鮮な野菜を収穫できる、あるいは野菜が収穫されて届くという環境を好む方が多い。③子供っぽくない施設の内装を好まれる。男性は介護施設を敬遠する傾向があるので。④見学に来た男性利用者が過ごしている男性利用者を見て、参加したいという気持ちになる。これは結果的にですが、いい効果でした。男性が自分らしく過ごしているのを見ると、次に来た男性も、自分も楽しめると考えると思います。

■介護生活になっても自分らしく地域で暮らすことの大切さ

もともとこのアパートは築30年で駅からも遠く、だんだんと家賃が下がり入居者が見つからなくなってきていました。なんとか入居者を獲得しようと、自分が住んでも良いくらいにリフォームしたんですが、周辺にできた新築や駅に近い部屋には勝てず、効果はあらわれなかったんです。そこで、友人の建築家にリフォームの相談をするも、「デザインは問題がない」との回答。困り果てているときに高齢の祖父が体調を崩し介護が必要に。施設を案内されながら福祉について話を聞いているうちに、高齢者が介護生活になっても自分らしく地域で暮らすことの大切さを知り、一緒に空き家を使って何かできないかと持ち掛けたのが始まりです。話し合った結果、空き家を単なるデイサービスにするのではなく、デイサービスと地域のモノやコト、ヒトをつなげる寄合所をつくろうということになりました。

タガヤセ大蔵は、人のつながりや、畑の土をもう一度耕そうという意味と、セを前に持ってくるとセタガヤになるという意味が込められています。タガヤセ大蔵には、介護保険を利用してデイサービスに通所する方のほかに、地域の様々な人が関わりを持っています。

■いろいろなスキルを持った人たちの助け合い

タガヤセ大蔵に関わる人たちを紹介します。

Dさんは私の叔父で、今年（２０１６年）76歳。一番熱心に畑仕事をしていて、地域の内外にたくさんの友達がいます。もともとモノづくりを仕事にしていたので、なんでも手作りでつくってしまう。

Sさんはご近所さんで50歳。Dさんに畑仕事を教わりながら援農し、できた野菜で得意の料理を披露。以前新聞配達所を経営していたつながりから、認知症カフェの告知を毎月新聞に折り込んでくれています。

Iさんもご近所さんで74歳。認知症カフェをきっかけにタガヤセ大蔵を知り、週2回デイサービスのお手伝いに来てくれています。

「現役を引退してからシルバー人材センターの依頼で仕事をしていたのですが、私には少し単純な仕事で面白くありませんでした。その点ここはいろいろな人と交流できてとても楽しい」と言います。

Iさんは近くの小学校の知り合いに声をかけ、小さなコーラス隊を呼んでくれました。

Tさんもご近所さんで、花や緑を通じてケアをする園芸療法士です。福祉の仕事として関わるのではなく、個人のやりがいとして、デイサービスに通う皆さんと一緒に、庭で野菜や稲を育てたりしています。

■地域の関わる人はみな「ボランティア」

一般的にデイサービスは介護保険の使用を前提としており、1人当たりの使用面積が決まっています。だから介護保険を利用しない一般の人が一緒に利用することはできません。タガヤセ大蔵も申請当初、一般の人の利用場所と、デイサービスを利用する人の間には扉付きの壁をつくるよう指導がありました。

それでは意味がないと思いついたのは、地域の関わる人はみな「ボランティア」という考え方です。デイサービスのお手伝いをするだけがボランティアなのではなく、ひと休みしに来る人、何か活動をしたい人、歌を歌いたい人、小学生のコーラス隊もみな地域の見守りのボランティアなんです。

2階は当初そのまま賃貸住宅でしたが、1階の活動を通じて知り合ったメンバーで、退居があった空き部屋を活用して、地域で小さな仕事をつくろうとしています。その中心人物のOさんは、全国でツーリストマップをデザインするイラストレーターです。普段は地方での仕事が多いのですが、いつか地元の世田谷で地域のよさを伝える仕事がしたいという夢があったそうです。この方との出会いをきっかけに、春からは地元の食材を使った食事つき地域ツーリズムを始めることになりました。

最後に私の祖父、94歳です。祖父が入院生活をしているうちに建物の改修工事がありました。退院後のある日、以前と何か様子が違うことに気が付いたようなんです。私が恐る恐る案内すると、どうやら介護施設ではなく喫茶店になったと思ったよう。それからはデ

タガヤセ大蔵外観

地域の人も一緒に畑仕事や餅つきをすることも

イサービスに通う皆さんの見守りボランティアとして、毎週コーヒーを飲みに通ってきます。

私、安藤は、1歳半の娘と同級生だった妻、障害のある母と、要介護の祖父が家族です。はじまりは私と空き家しかありませんでしたが、今ではたくさんの人に関わってもらいながら、仕事も子育ても介護も何とか両立できています。

こういう活動をしていると、地域のため、高齢者のためにしていると思われることがありますが、私としては、思わずやりたくなる、楽しいと感じることの延長線上に、福祉やまちづくりがあればいいなといつも思っています。自分が高齢になっても楽しいと思える社会を今からつくれるって、とても幸せなことです。

■タガヤセ大蔵をつくってみて

介護施設はどこか閉鎖的な感じがして、自分が行きたいと思うようなモノがなかったので、自分でも関わりたいと思うコトをつくってみたんです。少し前までは振り向かれもしなかった古いアパートが、今では大切にしてくれる人がたくさん現れて、幸せな「光齢《こうれい》舎《しゃ》」になったように感じています。

一般的には、住宅街に福祉施設ができると反対に遭うことが多い。タガヤセ大蔵が大きな反対もなく運営できているのは、外観が大きく変わらなかったことだけでなく、地域の温かい見守りに支えられているからだと思っています。

ゴジカラ村　ぼちぼち長屋
お年寄りが「生きていてよかった」と思えるような生活をつくり上げたい

●要介護老人とOLと家族が一緒に暮らす

とても不思議な、でもどこか懐かしい、ゆったりとした空気が流れる。この「ぼちぼち長屋」は2003年に名古屋市郊外の長久手市に開業した。

「とにかくここは気持ちがいい　やっぱりわたしはここがいい」。そうホームページに書かれている。そのとおりの雰囲気。一目見て、古民家を改造したのかと思ったが、古民家風に新築したものだという。少しずつ斜めにずれながら建っている3棟が結ばれる形になっており、その曲がったところが、なんだかほっとする。

長屋の隣に同じグループのデイサービスセンター平庵《ちゃらん》があり、2つを合わせて「ほどほど横丁」という。

「何事も『ほどほど』がいちばん。誰だって、失敗もするし、うまくいかないこともある。うれしいこともたのしいこともあるけれど、わずらわしさもあるのが当たり前。それが『暮らし』なんだから……。みんな、許しあって、支えあって、笑いながら、まぁ『ぼちぼち』とやりましょ。」とパンフレットに書かれている。

ここに15人の要介護老人と4人のOL、1世帯の家族（夫婦と子供1人）が住んでいるのである。だが、建物そのものは福祉施設ではなく賃貸住宅（寄宿舎）扱い。1階に要介護の高齢者が住み、そこに社会福祉法人愛知たいようの杜、ヘルパーステーションひだまりのスタッフが365日24時間常駐して支援する形になっている。

居住者は、契約時に敷金、礼金を払い、入居後は毎月の家賃、管理費（要介護の高齢者は食費も）を払うのも一般賃貸と同じ。住宅は、社会福祉法人とは別のゴジカラ村役場株式会社がオーナーから一括借り上げし、運営している。建設費はオーナーが出した。入居者はゴジカラ村役場株式会社に家賃と食費を支払う。そして介護費用は愛知たいようの杜に支払うという仕組み。食事は、隣接したデイサービスセンター平庵にゴジカラ村役場のスタッフが出勤し、つくった料理を配膳する。

家賃から介護費用を含めた総額はほぼ有料老人ホーム並み。だとすると、ぼちぼち長屋の魅力はやはり古民家風の木造、土壁の建物か。あるいはOLや家族といったほかの世代が一緒に住むことか、そしてそれらが混ざり合って生まれる、独特の雰囲気にあるのだろう。

OLさんたちにとってぼちぼち長屋に住むメリットは、独身寮やシェアハウスに住む場合と同様、安心感があること。今住んでいる子供連れ世帯も、お父さんが海外出張が多いため、やはり安心感を求めてここを選んだそうだ。また夜勤の従業員も一般の人が住んでいると心強い。

OLさんたちの部屋にはユニットバスとミニキッチンがあるが、毎朝高齢者と同じ1階のダイニングで食べる人もいる。家族の部屋には風呂はない。高齢者と同じ風呂に入る。高齢者は昼に入浴するし、外部のデイケアセンターで入浴する人も多いので、時間はかち合わない。自宅にいたころからデイケアで入浴し、そこで友達もできていた高齢者にとっては、むしろデイケアへ外出するのも息抜きになるという。

ぽちぽち長屋の外観

縁側でひなたぼっこ

●規則はつくらない

高齢者もその他の人たちも建物の玄関は一緒。ＯＬさんたちや家族は、１階の高齢者用のＬＤＫに当たる場所を通って２階に上がる。２階と言っても１階から吹き抜けで、壁一枚へだてただけなので、音は聞こえる（だが、個人個人のプライバシーは完全に守られている）。また、従業員たちは子供連れで働きに来てよいことになっている（愛知たいようの杜ゴジカラ村のどの施設でもそうである）。夏休みなどは、従業員の子供たちが毎日やってくる。ＯＬさんたちや家族が高齢者と一緒にお茶をする時間もある。ＯＬさんたちと従業員で新年会も開く。

ＯＬさんたちと家族は、風呂を掃除したり、要介護者の洗濯物をたたんだり、ヘルパーと要介護者と３人で外に散歩に出たり、ヘルパーに、ちょっと手伝ってくれますかと言われたことを手伝う。要介護者も健常者も、高齢者もＯＬも子供も、居住者も従業員も交流できるのだ。

だが、誰それは掃除、誰それは何曜日の何時に手伝う、といった規則はない。手伝ってほしいときに手伝うだけ。規則をつくらないのがゴジカラ村の特徴だ。自分の家にいるように、気楽に自由にしてほしいという。

ちなみに、ＯＬさんたちと家族には、「チャボまし料」（チャボよりはまし＝役に立つ若い人たち）という考え方に基づいた家賃補助がある。

「いつ起きてもいいし、いつ寝てもいいんだ。施設じゃないから、朝の体操もないし、門限もない。在宅のケアプランが日課だけど、それ以外は自由なんだ。退屈な日もあるけど、気楽でいい。のんびり安心して暮らすにはちょうどいいところ。外出や外泊も、面会だって、いつでもできるし、家族が泊まってもいいんだ。子供の声がいつもして、生活音が響いている。ほどほどに賑やかで、適度に不便ってところかな。だから助け合えるってことなんだって。ＯＬさんも一緒に食事をしたり、おしゃべりに加わってくれるし、なんといってもヘルパーさんの笑顔がいいね。いろんな人がいるからうまくいかないこともあるけれど、施設は家では味わえない楽しさがあるような気がするんだ。」とパンフレットに書かれている。

はあ、なんだか自由だなあ。

夜中に大声を出す高齢者もいるから、神経質な人は向かない。人の気配があることを好み、ちょっと手伝いを頼まれたときに気軽に応じられる人であることが条件。もちろんいろいろなトラブルはある。しかしトラブルを含めて生活を楽しめることが大事だという。

●もっとゆっくりした暮らし

愛知たいようの杜ゴジカラ村を創設したのは現・長久手市長の吉田一平氏。「日本一の福祉のまちをつくる」を旗印に施政を行っている。

ゴジカラ村のホームページにある「愛知たいようの杜　創設の想い」にはこう書かれている。

「私たちが住んでいる社会は大変合理的で便利ですが、時間に間に合わせようと結果を急いで、子どもの時に持っていた遊ぶという心を忘れてしまったのではないでしょうか。人間から小さな虫、小さな草に至るまで、地上に生命を受けたその瞬間から、どれも、どの人にも存在価値があり、自然の中で果たすべき役割を持っているのだということすらわからなくなってしまいます。愛知たいようの杜では、地球上のあらゆるものの存在、あらゆる人の訪れを大切にして、もっとゆっくりした暮らしを取り戻し、その中でお年寄りが『生きていてよかった』と思えるような生活を作り上げることが出来たらと考えています。この杜を訪れた時、すべての生物が水面をゆっくり流れる一枚の葉のように、時間の流れるまま、太陽のもとで自然のサイクルに従って暮らしていることが、本来の姿であることを知るでしょう。この杜を訪れ、ゆるやかな時の流れ、その中で暮らすお年寄りに触れ合う中で、何か大切なものを発見できるのではないでしょうか。」

シェア金沢
老若男女、健常者、障害者、住まい、店、オフィスが「ごちゃまぜ」になって、「施設」ではない「街」ができた

シェア金沢は2014年3月にオープンした。サービス付き高齢者住宅、障害児の入所施設のほか、一般学生向けの住宅、美大生のためのアトリエ付き住宅などからなり、テナントとして、デザイン事務所、ボディケアの店、飲食店、ライブ演奏のできるバー、料理教室、売店などが入居した、ひとつの「街」である。売店、飲食店、クリーニング取次店などでは障害者や高齢者が店員や仕入担当として働き、本館の中でも障害者がお菓子箱づくりなどの仕事をする機会をつくっている。

学生や美大生は相場より安い家賃で住めるかわりに、障害者や高齢者のために月30時間働く。ある美大生の女性の場合、やる気満々でみんなのお世話をしようと入居したが、実際は

みんなからおかずをもらったりと、かえって世話をしてもらっているという。

また、シェア金沢の隣の地域は新興住宅地で子供が増え、小学校が困っていたが、シェア金沢にある障害児のためのフットサル場をその小学校が無料で使えるようにしている。

「ごちゃまぜがいい」がコンセプトであり、老若男女、健常者も障害者も、住まいも店も、シェア金沢の中の人も外の人も混ざり合ってシェアをする。縦割りではなく横のつながり、お互いに時間、空間、できることをシェアし合えるようにつくられているのである。それは「施設」ではなく、「街」である。

シェア金沢の事業主体である社会福祉法人佛子園の理事長・雄《おお》谷《や》良《りょう》成《せい》氏に話を聞いた。

■施設なのに普通の人が集まるところ

シェア金沢は、時節柄、高齢者施設、特に日本版ＣＣＲＣ（Continuing Care Retirement Community）として取り上げられることが多いですが、最初は障害を持つ子供の施設の用地を探していて、たまたま金沢市郊外に1万坪以上ある国立療養所跡地が２０１０年に見つかり、こんな大きな敷地につくるなら、それまでの事業の経験を生かして、障害のある子供も高齢者も一般人も一緒に暮らす街をつくろうと思ったんです。

そもそも私は白山市（合併前は松任市）にある日蓮宗の寺、行善寺に1961年に生まれました。祖父は戦後、戦争孤児を寺に引き取り、役所の認可のないまま、お布施や町民の持ってきてくれる食料によって孤児を育てていました。最後に孤児は20人以上にまで増え、さすがに寺だけでは育てられないということもあり、1960年に社会福祉法人佛子園となったのです。私も10歳まで、孤児たちと寝食を共にしながら寺で育ちました。

大学では障害者心理を学び、その後、青年海外協力隊に入り、ドミニカに行きました。ドミニカでは医療施設をつくったりしましたが、とにかくドミニカとかラテンの国々は、地域力、住民力が日本よりずーっと高いと実感しました。

その後帰国し、新聞記者を経て、1994年に佛子園を受け継ぎました。ただ、障害者施設、高齢者施設らしい施設ではなく、施設らしくない施設をつくりたいと思っていました。施設なのに普通の人が集まるような場所です。だから、（人が集まる）街というのはどういうものかと、ずっと考えつづけていました。

■障害児や高齢者の「できるところ探し」をする

まず1998年に、能登に日本海倶楽部をつくりました。当時、地ビールがブームになっていたので、地ビール工場とビアホールと障害者施設をつくり、障害者には工場とホールで働いてもらいました。本当はもっと街の中に、ビアホールと障害者施設が点在しているようにつくりたかったのですが、当時の厚生省には理解されなかった。今ならわかってくれると思います。

また、地ビールというと普通は観光客目当てになりますが、日本海倶楽部では地元の人と障害者が溶け合うことを重視しました。それこそがサステイナブル（持続可能）な事業だと思うのです。

実際、障害者の中からはビールを注ぐ名人も誕生しましたし、常連が「いつものやつ」と言えばわかる人や、「あなたは昨日も飲み過ぎだったから今日はやめておけ」と客に忠告するような会話ができる人もいます。

シェア金沢には、自動販売機は置かないことにしています。でも、こういうところにコンビニは入ってくれないから、入居者とテナントが出資して自分たちで売店をつくることにしました。障害児はただでさえ人とコミュニケーションする機会が少ないから、対面で物を買う機会が重要だと考えたのです。

店番も仕入れも入居者がしていますが、こっちの問屋のほうが安いとか、ディスカウント店で買ったほうが問屋から仕入れるより安いよとか話し合って仕入れをしています。

それからシェア金沢では、周辺の独居老人のための配食事業もしています。配達は、職員が運転して、障害者との2人一組で行います。障害者のいいところは、配達に行った先の老人の話を傾聴できるところ。こういうことは効率重視の配食事業者では難しいでしょう。このように、障害者とのつきあいは、彼らの「できるところ探し」が大切なのです。

■老若男女が混ざり合う

2005年には、小松市野田町の空き寺になっていた西圓寺の再生をする仕事を頼まれました。この仕事がシェア金沢の原点になっています。

空き寺になって、西圓寺は荒れていました。若い人は駐車場にしようと言っていましたが、年配者は、寺の住職に名前を付けてもらったり、寺で遊んだ経験があったりするから、駐車場なんてとんでもない、寺でなくてもいいから、なんとか人が集まるところにしてほしいと言う。ですので、ここにも障害者の居場所をつくることにしました。

このとき、私は二つの条件を町民に出しました。一つ目は、佛子園におまかせではなくて、今までどおり主体的に寺に関わってくださいということ、二つ目は、障害児や要介護の高齢者を町としてちゃんと受け入れてくださいということでした。

障害者に関わる仕事をしていると、障害者施設をつくるというだけで、既存の住人から、あまりよくない目で見られることが多くありました。せっかく新築のマイホームを買ったのに、その近くに障害者施設なんかつくるなという反対運動にも遭いました。だからこそ、町民が障害児や要介護老人を受け入れて、かつ主体的に施設に関与してくれることが重要だったのです。

と同時に、施設のほうも閉鎖的だと反対されるし、障害児が社会性をはぐくむことが阻害されます。障害児がもっといろいろな人たちと関われる機会をつくりたい。だからこそ、施設を施設らしくない、普通の街みたいなものにしたいと考えたのです。

西圓寺の再生は、まず寺の掃除から始めました。草ボウボウだった庭からは立派な池が現れました。温泉を掘ると、温度が高く、掛け流しで使えるものが出てきました。そこで、住職の部屋を湯船に改装し、町のみんなが無料で入れるようにしました。

ご本尊は別の寺に引き取られましたので、お堂では湯上がりにお酒も含めて飲食ができるようにしました（でもご本尊のあった場所になんとなく頭を下げる人もいます）。駄菓子屋もつくりました。食事をつくったり配ったり駄菓子を仕入れて売ったりするのは、ここでもみな障害者たちです。

風呂の掃除も障害者がしていました。でも、自分たちがただで入る風呂を、障害者の人だけに掃除をさせているのはおかしいじゃないかということになり、町民も掃除をしてくれるようになりました。その分、職員の負担が減り、別の仕事ができるようになったのです。

風呂に入って食事もできるので、だんだんと町の人たちが西圓寺に集まって一緒に食べるようになりました。コンサートが開かれたりするようにもなりました。子供の居場所としても安心できるので、親も子供を一人で行かせるようになります。駄菓子も売っているので、子供のたまり場になりました。七五三のお祝いに、晴れ着を着た子供を連れてきて、みんなに祝ってもらう親もいます。子供が地域の中にうまく溶け込んでいるのです。

■サービスする側とされる側という関係ではエネルギーを失う

この西圓寺で、私の転機ともなった、ある出来事がありました。

重度障害を持ち、首が左右に15度くらい動くほかには体が動かない少年がいました。この少年に、認知症のおばあちゃんがスプーンで食べ物をあげようとしたんですが、おばあちゃんは上手に食べ物を口に運んでやれない。

でも何日かたつと、おばあちゃんはだんだんうまくスプーンを使えるようになった。少年も、最初は食べるのを嫌がっていたようだったのが、だんだんと食べる気持ちが出てきて、うまく食べられるようになった。そして首を動かしているうちに、15度しか曲がらなかった首が90度曲がったんです！

これを見て、自分たちは福祉のプロだという考えが打ち砕かれました。認知症のおばあちゃんが、重度障害者の少年の首を曲がるようにしたのですから。サービスする側とされる側というそれまでの自分たちの考えは間違っていたのではないか、むしろ、される側のエネルギーを喪失させていたのではないかと気づいたのです。

■人こそが地域だ

人が寺の中で活動をするようになると、不思議なことに、すすけていたお堂の天井の色が、だんだんきれいになってきたんです。建築家に聞くと、木は生きて呼吸しているから、人が使うことで生き返ったのだろうという。そして、天井がきれいになったら、アルツハイマーでまったく無表情だったおじいちゃんが、かっと目を見開いて天井を見つめるようになった。子供のころに見た天井を思い出したのかもしれません。西圓寺ができてから老人の徘徊行動が減ったとも言われます。

そして、若い人が、結婚などを機に野田町から出ることが少なくなりました。親とだけつきあっていると鬱陶しいので、町を出たくなりますが、西圓寺が親子の間のほど良い緩衝地帯になっているようなんです。みんなと会う場所で親と会うと、ちょうどいい距離感になるらしい。そこで子供が生まれ、またこうした地域のつながりを求めて外から引っ越してくる人も増え、野田町は人口が増加しました。私は「人こそが地域なのだ」と思いました。

■男性は福祉では救えない

よく言われるように、男性は女性と違ってなかなか地域の中に出てきません。いわゆる福祉だけでは救えないのが男性なんです。施設に入って「サクラ、サクラ」を歌いましょうと言われても、馬鹿にすんじゃないと言って出ていってしまう。男性は友人の数が多ければいいってもんじゃない。みんなの役に立っていると思える仕事をしてもらうことで、地域とつながってもらうほうがいいのです。

野田町にいたある男性も、最初はなかなか西圓寺に来ませんでしたが、あるときからしめ飾りづくりをすることで、地域とつながるようになりました。しめ飾りづくりをずっとしていた別の男性がいたんですが、年をとって、もう自分だけではつくれないという話を温泉でしたら、それなら俺でもできるよ、というところから彼が手伝い始めたんです。しめ飾りを売って得た利益で、この2人の男性の2ヶ月分の介護保険費用が出ました。

今の社会は消費社会だから、お金を出せば何でも買える。しめ飾りだってスーパーに売っていますが、それじゃあ正月らしくないという気持ちは誰にでもある。そこに、この男性のように若いころから地元でわら細工をしていた人が参加することで、地域への誇りや愛着が生まれてくるんです。

■人が認め合う仕掛け

シェア金沢のデザインは、アメリカの建築家、クリストファー・アレグザンダーの有名な著書『パタン・ランゲージ』を参考にしています。寺の建築を見て育ったせいか、なぜか建築が好きなんですが、ごちゃまぜの街をつくる上では『パタン・ランゲージ』が参考になりました。

仕事をしている人がガラス越しに見えるとか、駐車場が見えないとか、国立療養所時代からある巨大な椎の木を聖域に見立てるとか、動物（アルパカ）がいるとか、デザイン事務所とボディケアの店がつながっていて半私的になっているとか、そもそも老人と若者が一緒にいるとか、いたるところに『パタン・ランゲージ』から学んだものがあります。

電柱は地中化し、高い建物もない。高齢者にとっては縦に伸びる建築は圧迫感があるからです。外部の人のための駐車場は敷地のいちばん外縁部にもうけ、内部には関係者の自動車しか入れない。そのかわり、歩行者は近くの住宅地の人たちも入って来られます。

また、住居と住居の間にはくねった小道をもうけました。国立療養所時代からの樹木がかなり残っているので、自然を見ながら楽しく歩けます。でも、小道はわざと狭くしてあります。障害者と一般の人が少しずつお互いによけながら歩くことで、両者が少しでも意識し合い、認め合えるきっかけをつくるためです。

美大生用のアトリエ付き住宅。右がアトリエ。住居は左の車の中

既存の木を活かした敷地内に散歩に適した小道がある

聖域に見立てた巨大な椎の木

ガラス越しに働いているところが見える

●福祉と都市計画の融合

手前味噌で恐縮だが、本章の冒頭に書いたような私のこれまでの提案、特に「シェアタウン」「シェア社会」という考え方が、総合的に具現化されているのがシェア金沢だ。そこでは、広井良典が『創造的福祉社会』などの著書で言う、福祉と都市計画の融合がある。福祉行政、文部行政、まちおこし、商店街振興など、通常縦割りで行われる施策が、見事に横につながって有機的に機能している。

ひとつ思ったこと。障害者を軸にしたからこそ、シェア金沢はつくられた。では、健常者の住む街としても、シェア金沢のようなものができるのか。これは、私がシェアの話をすると、必ず質問されることでもある。今の50代以上の世代は、消費が好きで、私有が好きだ、シェアなんてしないのではないか、という質問だ。

たしかに、健康でお金があり家族同士も仲良く同居・近居している人なら、地域とのつながりやシェアはあまり必要にならない。だが今後の日本で、健康でお金があり家族同士も仲良く同居・近居している人は減るばかりである。健康だがお金がない人、お金はあるが家族とうまくいかない人、家族の仲は良いが健康ではない人、そういう何かが足りない人が高齢社会では増えていく。何かが足りない人同士が助け合い、かつ、いくばくかのお金を得ることもできる社会の原理がシェアなのだ。だからきっと、否が応にも社会はシェア社会になる。「シェア日本」になるのだ。

もうひとつ、少し不安になったことがある。マンションや建売住宅の白い壁紙や白い天井を見て育った若い世代は、認知症になったとき、どんな場所の何を思い出すのか？　テレビゲームばかりしていた世代は、障害者になったとき、何をすることで地域とつながるのか？

そのへんのことは、またこれから考えることにしよう。

巻末インタビュー◎ 藤野英人（レオスキャピタルワークス代表取締役社長・最高投資責任者）

小さなポジティブを見つけて、つないで、自分と社会に投資しよう

藤野英人（ふじのひでと）
レオス・キャピタルワークス代表取締役社長・最高投資責任者（CIO）。1966年、富山県生まれ。90年、早稲田大学卒業後、国内外の運用会社で活躍。特に中小型株および成長株の運用経験が長く、25年で延べ6000社、6500人以上の社長に取材し、抜群の成績をあげる。2003年に独立し、現会社を創業。現在は、販売会社を通さずに投資信託（ファンド）を直接販売する直販ファンドの「ひふみ投信」を運用し、ファンドマネージャーとして高パフォーマンスをあげ続けている。この「ひふみ投信」はR&Iが選定するファンド大賞を2012年から4年連続受賞している。著書に『日経平均を捨てて、この日本株を買いなさい。』（ダイヤモンド社）、『投資家が「お金」よりも大切にしていること』（星海社新書）ほか。

三浦　『下流老人』という本が売れ、『老後破産』が話題になっているので、『下流社会』の著者としては、下流老人の実態を調査でつかもうと思ったのが本書を書こうと思ったきっかけです。すでにその時点で、調査結果を踏まえて、藤野さんにインタビューすると決めておりました。

しかし調査では本当の下流老人の数は少ないのと、『下流社会』のときも、お金がなくても幸福な人はいるということをよく言われたので、じゃあ「下流幸福老人」とはどんな人かを、「下流不幸老人」「上流不幸老人」と比較分析することにしました。

結論は、「下流幸福老人」は、自分だけでなく他人の幸福を考える人、「下流不幸老人」は、お金が欲しいと言い続ける人、「上流不幸老人」は、夫婦や子供との関係が悪い人、でした。

それから藤野さんの本『投資家が「お金」よりも大切にしていること』を読むと、なんだか今回の調査結果と共通のものがあって驚きました。

そこでまず、本書をお読みになって、お金を増やす専門家としてお気づきの点をお聞かせください。

成功とは長期的な人間関係を築いて人に奉仕すること

藤野　この本は、ぜひ若い人に読んでもらいたいなあ。自分の生き方で結局何が大切かというと、当たり前のことだけど、家族やパートナー、仲間の絆だったりします。あと、ガリガリ亡者な人ほど実は不幸せになっていて、やはり利他的に生きることが大事なんですね。

成功とは長期的な人間関係を築いて人に奉仕すること——もともとウィプロというインドの会社のCEOの言葉で、僕もよく言っていて、信じている言葉がありますが、この本では、このことがきちんとデータで示されていると思いました。

収入が増えると満足度が上がるけど、ある点を過ぎると、お金が増えても幸福度が上がらないということは、もともとアダム・スミスの時代から言われていることです。それが現代の世界でも変わらない。現代人の行動や考え方、資産格差とかを見ていると、実は昔の基本的な理論のところまで戻っていくということも感じましたね。

三浦　年収６００万を超したら幸福度が上がっていかないですからね。

藤野　だからこそ、あるレベルの年収まで上げていくことも、けっこう大切なことだとも言える。それから、誰もが年収が１００万円不足しているという話も出てきますが、それはたぶん欲の問題。年収２０００万～３０００万ぐらいの人でも、あと１００万、２００万ぐらい増えたらいいなという人が、世代に関係なくいっぱいいます。

三浦　３０００万あっても？

藤野　そうです。たぶんその水準で生活が固定化するからだと思いますね。だから、そこらへんは「足るを知る」ということを考えて、ちゃんと人生設計しましょうと言わないといけない。お金の使い方の基本的なリテラシーや金融リテラシーが日本人全般に低いんですね。

日本人は、良いことは国が税金でやるべきだ、個人が投資する話ではないと思っている

三浦　だから、安定した会社に入りたがる。今回の調査でも一昨年の調査でも、若い人もシニアも、公務員の階層意識が高くなっているのは、どうしたものかと思います。

藤野さんのご著書に書かれているように、良いことは国がやるべきだ、税金でやるべきだという気持ちが日本人には強い。民間や個人が事業として、投資してやる話ではないと思っ

ている。言い換えれば、日本人は公務員に投資している。ただ、それだとリターンが増えない。それどころか借金が増えた。なのに税金というお金の使い方を選んでしまう。そうすると、公務員の資産が増えたり、階層意識が高くなったりするのも当然だなと言えますね。

藤野　日本人は、見えているものに対して安心するという特性があるらしくて、同じ収入でも、たとえば10年間、毎年300万ずつ給料をもらうのと、ある年は600万だが、翌年は100万というように上げ下げするのとでは、満足度が違う。やはり均等割でもらったほうが安心する。日本人は変動を好まないんですね。変動が大きいと、それに合わせて生活水準が変化する。お金がパッと増えるとパッと使ってしまうけど、減ってしまうと生活水準が落ちる。変化をハッピーと思う人より変化をすごいストレスと感じる人が日本人には多い。これはたぶん国民性もあるし、教育もあるんだけれども、だから公務員が幸せだと思う人が多い。

三浦　私なんか、年商でいうと、10倍くらい変動しましたけどね（笑）。

もう1回成長していこうと思うか、思わないかの差は大きい

三浦　定年しちゃうと、それ以降、なかなか資産が増えていくということはないですけれど、現在のシニアを想定すると、これからどうすればいいんでしょう。

藤野　一つは、60歳になっても、90歳まで生きるとしたら、あと30年ある。だから実は長期なんです。もう俺は60だから、先は短いんだと言う人がよくいるけれど、そういう人に限って死ぬつもりはなかったりする（笑）。

だから60歳になっても、実は長期投資をしなければいけないんですね。そのままお金を定期預金に入れても、今はマイナス金利の時代。お金を働きに行かせることを考えなければいけない。投資すれば、多少でも資産の減りを止める効果があるので、２００万でも３００万でも稼げたらすごくいいなというところがある。

それから、60歳、65歳になったからといって、すぐに退職せず、少しでも働く機会を得る。経験知もお金もあるんだったら、60歳から15年くらいは、まだ挑戦するチャンスがあります。だから、投資とはお金の投資だけでなく、自分への投資であり、自分への投資が少しお金に

なってリターンしてくれればいいということですね。

また、働くと健康でいられたり、刺激があったり、情報を得られたりします。単純にお金だけの問題ではなくて、社会から必要とされていると実感できる。充足感も得られる。それもリターンです。

いきなり起業はできないかもしれないけれど、仲間や、知った会社、後輩の会社のところをお手伝いするということもできると思うんですよね。それでもう1回成長していこうと思うか、思わないかというのは、人生にとってすごく大切なことだと思います。それは、先ほどの他人の幸福を考える利他性とも関わることです。

三浦　男性の場合は、広く社会に評価されたいという意識が強いでしょうね。

藤野　強いですね。この本のデータでも、男性の場合、地域の人とコミュニケーションができても、それほど幸福度が上がらないことがわかります。やはり仕事によるやり甲斐だったり、必要とされている感じを持つということは大事です。

だからこそ本書を若い人に読んでもらいたいのは、会社だけですべて完結するという生き方になってしまったら、会社が終わった瞬間にすべて断絶するわけです。終身雇用で1社だけで働いてきた人ほど、その後、まったく使い物にならないということになりがちです。だから、社内だけではなくて、広く社会にネットワークを持って、いろいろな関心を持ち、チャンスを広げていくという生き方でないとだめです。

男は地域に戻すより、社会に広げる

三浦　今、風潮として、男も地域に戻そうみたいな論調が多いじゃないですか。でも、そんなことよりも、地域や会社を超えた知的なネットワークが広がっていったほうがいいんでしょうね。

藤野　そうです。今、SNS上でいろいろなネットワークのつながりが出てきているし、これが10年、20年たってくるともっと密になってくるはずですので。

　実際に僕自身がやっていることで一番成功したのが「ツイッターピアノの会」、略称「ツイピの会」です。今や、日本最大のピアノのサークルの一つになっています。私が発起人で始めたんですが、ツイッターで集まった数名でピアノの弾き合い会を始めたんです。僕は昔からピアノをやっていて、それで数名で始めたところ、だんだんそれが増えてきて、評判になっていった。名古屋ツイピから関西、福岡、札幌と、今、全国20カ所ぐらいで定期的なピアノの弾き合い会をしています。

今は、ツイッターよりもフェイスブックのほうが便利なので、フェイスブックのグループの中で、10代、20代の子から70代の人まで参加しています。わりと年齢層の幅が広い。どちらかというと女性が多いですね。そういうネットワークができて、どんどん増殖しています。そうしたら、当初まったく意図していなかったんですが、そこで出会った男女がたくさん結婚したんですよ（笑）。

ピアノをやっている人たちというのは、どちらかというとシャイな人たちなのですが、こういう人たちが集まると、ベートーヴェンはこうやって弾くんだよとか、ショパンは小指が大事とか、そういう話で盛り上がる。一般社会ではちょっと痛い人になって（笑）、普段は隠していたりするのが、ツイピの会では尊敬の目で見られる。尊敬って愛情に変わりますから、それで少なくとも12組ぐらい結婚しました。

三浦　それはまさに趣味縁ですね。本書でも趣味の友人がいると幸福度が高いという結果が出ています。

藤野　趣味って心を解き放つので、年齢も関係ないし、ある程度向上できるのもいい。知識が増えるとか、技術が上がるとか、先輩・後輩ができたりして学び合う。そういうつながりはすごく大切です。僕もそのときは投資家という立場ではなく、ピアノの大好きなおじさんという立ち位置でやっているから、僕がどういう仕事をしているのか知らない人が多い。そういうふうに、普通にコミュニケーションできる空間というのは、僕にとってはすごく大事です。上流だろうが、下流だろうが、幸福老人になるためには、やはりそういうつながりとか、仲間とかは本当に大切だと思います。

草食投資のすすめ

三浦　ピアノ以外もいろいろおやりなんですか。

藤野　本業とも関わるんだけど、投資家仲間で「草食投資隊」というのをやっています。これは長期投資の楽しさを伝えるという活動で、日本全国いろいろな地域を回り、こういう考え方に共鳴した人が集まっています。

肉食的に、今日買って明日売るとか、値上がりしそうな銘柄にバーンとまとまった金額を投資するとかいうのではなく、長期的に成長しそうな、世の中に役に立ちそうな会社に長い視点で投資をしていく。短期的にガツンと儲けるのではなく、すぐには儲からないかもしれないけど、時間を味方につけて長期で少しずつ投資していく。「草食投資」という言葉を使いながら、一つのムーブメントをつくろうとしています。

僕の本業もクラブ活動みたいなところがあって、勉強会や懇親会があり、そこで投資のことを話す、というのが一つの形になっています。それによって口コミでお客様も増えていく。それは単に金儲けということだけではなくて、投資のあり方を伝えて、幸福な老人になりましょうよという話なんです。

積立投資をして金融資産がある程度あったほうがないより幸福だけれど、その幸福の感覚というのは、より利他的に生きるとか、人のために生きるとか、仲間を大切にしようよということなのです。だからまさに、この本に書かれていることは、僕らが目指していること――幸福な上流老人をつくる仕事だと思いましたね。

三浦　草食投資をしているのは若い人が多いんですか。

藤野　そうです。たとえば僕らのお客様は20代、30代、40代が中心、平均年齢39歳なんです。一般的に投資信託というのは60代、70代、80代が中心なんですけど、僕らの場合は資産形成層と言われている人たちが相手なんですね。だからこそ、若い人たちにこの本を読んでもらいたい。幸福になるためには、当たり前だけど、健康とか、友だちとか、家族とか、仲間といったものが大切で、それがまさに我々が目指すべき世界観でもありますから。

老後の恐怖を煽るのは良くない

藤野　上流と言っても、幸福度という面で見れば、実は気の持ちようだよね、生活の仕方だよね、と僕は思っています。だから最近多い、1億円蓄えがないと老後に不幸が来るというような脅し系の情報は、良くないないと思う。僕が言うと誤解されるかもしれないけど、今は、カネ、カネ、カネと言い過ぎるんです。でも、カネだけがすべてではないでしょう。この本にあるように、結局、不幸な人はお金が欲しい人なんです。お金があれば幸せになれるという価値観で凝り固まっている人が不幸なんですね。

定年までにだいたいこのくらい貯めて、年金も少しあって、かつ、それまでにちゃんと自分ひとりで稼ぐ力も身につけて、65歳からも自分で少し稼いで、社会との接点を持って、家族ともコミュニケーションして、それである程度金融資産があって、それも少し運用に回しているというような状態がつくれれば、別にそんなにめちゃくちゃ資産を持たなくてもいいはずです。だから恐怖を煽るような方向ではなく、そう簡単に下流老人みたいな悲惨な世界が来るわけではないですよ、というようなことを伝えていければいいかなと思いますね。

投資は古民家リノベーションに似ている

三浦　僕、お金に関心のない人間なので、今回初めて投資の本を読んだくらいなんですけど、藤野さんの本は全然投資の本らしくなくて、面白かった。でも、こういう考えに至るまでには、いろいろなプロセスがあったんですよね。

藤野　もちろん、そうですね。僕もそんなにお金が好きな人間ではなく、弁護士とか裁判官になりたかったんです。だから法学部出身なんですね。でも学部時代に司法試験に失敗して、じゃあ少し社会人をやって、お金もちょっと稼いで、それから予備校に通って再挑戦しようかなと思ったんです。ゼミの先生にも、お金の流れを知ると、人の流れとか心とか、経済がわかる、一度、裁判官から一番遠いところに行っておいたほうがいいよと言われたこともあります。結果的に、それがすごく良かった。

会社の同期には、一橋大学の経済学部に行って、アメリカに留学して、ノーベル経済学賞受賞者に話を聞きましたみたいな人がいました。入社した段階で、自分が3周遅れみたいになっていて、まともに戦ってはかなわないと思ったんです。
たまたま僕は中堅中小企業への投資の部署に配属になり、その会社の財務や経営に関すること以外に「成長のストーリー」にフォーカスするというようなアプローチをしたのが、結果的に、ほかのどの投資家とも違ったアプローチになり、成功につながったと考えています。投資すべき企業の発掘の仕方も、1個1個を見るとガラクタみたいな情報なんだけど、それらがつながると一つの宝の山になっていくということがあったんですね。

三浦 そういうふうに聞くと、すごくおもしろい仕事ですね。私のような「しらべもの屋」に向いていそうです。しらべものをしていると、まったく別の資料同士がつながって、新しい発見をすることがよくあるので。でも、どうしても投資家って、上がった下がったで騒いでいる印象がありますよね。

藤野 そうです、そうです。そういった投資業の定義を変えたというところが大きくて、どちらかというとトレジャーハンターみたいな感じになったんです。トレジャーハンターの中でも、人や、会社の原石を発掘して、それがどれだけ大きくなるかというところにフォーカスしたのが良かったんですね。

三浦 古民家リノベーションに近いかもしれない。

藤野　近いです、まさに。

三浦　一見だめだけど、どこに可能性があるか、どこまで伸ばせるか探るんですね。

好奇心、エネルギーを分散して関心を持つ

藤野　そうです。たとえば、三浦さんのフェイスブックとか、いろんな街をウロウロしながら、三浦さんの観点で面白い写真をバチバチ撮っているじゃないですか。それがすごく楽しくて、三浦さんの付加価値になっている。一つ一つの写真そのものが売れて、キャッシュを生むわけじゃないけど、たぶんそれらの連なりが最終的にリアルな仕事につながっているかなと思いながら、いつも拝見しています。

三浦　藤野さんに投資家として、僕をもっと分析してもらいたいですね（笑）。

藤野　お金も稼いでいるし、楽しそうな人というのは、好奇心が強くて、ウロウロしている人間なんです。何でもネガティブに考えて、世の中のことを否定的に見ている人より、何でも見てみる、何でも首を突っ込んでみるおじいさんとか、おばあさんのほうが、お金があろうがなかろうが幸福だし、たぶんそういうタイプの人が結果的にお金を持ちやすいんだろう

と思います。
日銀総裁だったころの福井俊彦さんが講演で、投資でもっとも重要なことは、好奇心を持つことだと言われたことがあります。たとえば、分散投資が大事だと言われているけれど、これは好奇心の分散なんだと言っていました。リスクの分散ではないと。どれだけいろいろなことに関心を持っているかなんだと。この人、すごく深いことを言っているなと思いました。

三浦 ご著書に書かれているように、エネルギーを分散投資するんですね。

藤野 そうなんですよ。いろいろなことに好奇心、エネルギーを分散して関心を持っていることが大事なんです。関心のあることが増えれば増えるほど情報が増えていくので、結局チャンスも増えるし、リスクも減るんです。

小さなポジティブをつないでいく

三浦 ずっとお話をうかがっていて、本書の第5章のいくつかの事例もそうですが、小さなポジティブなもののつながりが大事だなと、今思いました。大きなポジティブばかり求めると、なかなかそんなことはないから、暗くなるじゃないですか。でも小さなポジティブは今の世の中にもいっぱいあると思うし、実は僕が街をウロウロしているのも小さなポジティブ探しですしね。それをつないでいくと、地域全体の振興にもなり得るんですよね。小さなポジティブをつないでいこうというのが、この本の一つの結論かもしれない。

藤野　そうですよ。この本は、僕は希望の書だと思っています。格差とか下流とか言われる中で、僕らはどうするのか、どう行動するのかという話ですから。現実に対する厳しい認識があっても、その中でも僕らにはできることがいっぱいあるよね、という内容ですからね。

三浦　ありがとうございました。

あとがきにかえて

一、一昨年、私の後輩Kは、ガンをわずらい、会社を1ヶ月以上休職した。自宅療養後、彼は復職したが、治療の副作用で歩行が困難になったこともあり、会社に10時から16時の短時間勤務を認めてもらって働いた。だが、通勤にはタクシーも併用したので、お金がだいぶかかっただろう。

しばらくすると体調の回復に合わせて勤務時間を元に戻し、残業もするようになったが、結局2年後にKは亡くなってしまった。本屋やCD店に行くのが好きな人間だったので、思うように歩けず、休日でもほとんど自宅にこもるしかなくなったのは、無念だったに違いない。

Kと私と友人Mは、彼の発病以前から、しばしば私の部屋に3人で集まって、音楽を聴きながら食事をする会をしていた。Kが自由な外出ができなくなってからは、その会合の頻度を増やした。自宅と会社をタクシーを併用して往復するだけの生活では、ストレスもたまる。だから、彼が喫茶店やCD店に行けなくなったかわりに、音楽を聴く機会を増やしてやろうと思ったからである。

そういう会合を1年間に七、八回続けた。Kは毎回自宅から私の部屋にタクシーでやってきた。だいたいいつも昼頃から始めて、Kは5時過ぎにはまたタクシーで帰宅した。

昨年の5月が最後の会合となった。6月にも会合を開こうと思ったが、調子が悪いという。病状がまた悪化し、最後はホスピスに入り、8月に彼は亡くなった。55歳だった。葬式で会ったKの大学の同級生から、Kは、三浦さんの会合に出た後いつも、こんな面白い話が聞けた、こんないい音楽が聴けたと楽しそうに話していたと聞いた。

彼の人生の最後に、多少なりとも喜びや楽しみを与えられたとしたら、よかったと思う。55歳だから、まだ老人ではないが、幸福なシニアをつくるには、こうした交友関係が必要である。ただし、男性の場合は、友人の数が多ければいいわけではない。男性は、毎日のようにおしゃべりをするというより、気のおけない仲間とたまに集まって、静かに談話をするくらいで十分なのだろう。
二、昔勤めていた会社の社長秘書だった80代の女性から、毎年年賀状が届く。いつもは形式的な挨拶が書かれているだけだが、今年は「光輝高齢者を目指します」と書かれていた。

光り輝く高齢者とは、なかなかいいじゃないかと思った。そういえば第5章の安藤さんも「光齢者」という言葉を使っている。

三、昨年秋に母が入院し、結局老人ホームに入った。おかげで80歳から100歳を超える老人、主におばあちゃんたちをたくさん見ることになった。日本中で、何百万人もの老人が、ベッドに横たわり、クルマ椅子に乗って毎日を過ごしている。これって平和な社会じゃないと絶対ありえない光景だなあと私はつくづく実感した。たしかに高齢者の増加、要介護者の増加は財政にとって負担である。今後は福祉サービスも減るかも知れない。だが、たとえ財政に問題がなかったとしても、平和な社会でなければ、老人たちに安心して病院や老人ホームに入ってもらうことはできないはずだ。あらためて平和の大切さを感じた。平和が幸福の基本条件だ。

本文レイアウト・図版作成　株式会社ダグハウス

三浦展（みうらあつし）

1982年、一橋大学社会学部卒業。(株) パルコ入社。86年、マーケティング情報誌「アクロス」編集長。90年、三菱総合研究所入社。99年、カルチャースタディーズ研究所設立。消費社会、家族、若者、階層、都市などの研究を踏まえ、新しい時代を予測し、社会デザインを提案している。著書に『下流社会』『東京は郊外から消えていく！』『日本人はこれから何を買うのか？』（以上、光文社）、『これからの日本のために「シェア」の話をしよう』『新東京風景論』（以上、NHK出版）、『ファスト風土化する日本』（洋泉社）、『第四の消費』（朝日新聞出版）、『「家族と郊外」の社会学』（PHP研究所）、『あなたの住まいの見つけ方』（筑摩書房）、『「家族」と「幸福」の戦後史』（講談社）、『吉祥寺スタイル』（文藝春秋）、『郊外・原発・家族』（勁草書房）他多数。

下流老人《かりゅうろうじん》と幸福老人《こうふくろうじん》
資産《しさん》がなくても幸福《こうふく》な人《ひと》　資産《しさん》があっても不幸《ふこう》な人《ひと》

2016年3月20日初版1刷発行

著　者 ── 三浦　展
発行者 ── 駒井　稔
装　幀 ── アラン・チャン
印刷所 ── 萩原印刷
製本所 ── ナショナル製本
発行所 ── 株式会社光文社
東京都文京区音羽1-16-6(〒112-8011)
http://www.kobunsha.com/
電　話 ── 編集部03(5395)8289 書籍販売部03(5395)8116
業務部03(5395)8125
メール ── sinsyo@kobunsha.com

ISBN 978-4-334-03913-4

786
ケトン体が人類を救う
糖質制限でなぜ健康になるのか

宗田哲男

胎児や赤ちゃんは糖質制限していた！　著者による世界的発見を紹介しながら、糖尿病や肥満だけでなくがんや認知症にも有効なケトン体（脂肪を分解して生成）代謝生活を勧める。

978-4-334-03889-2

787
猫を助ける仕事
保護猫カフェ、猫付きシェアハウス

山本葉子　松村徹

猫の殺処分ゼロを目標に、ソーシャルビジネスの手法で猫の保護活動に取り組むＮＰＯ法人代表と、不動産研究の第一人者がコラボした、猫と人との共生を考える一冊。

978-4-334-03890-8

788
ローカル志向の時代
働き方、産業、経済を考えるヒント

松永桂子

都市、農村、フラット化、新たな自営、地域経営ｅｔｃ．いま、地域が面白いのはなぜか。これからの社会・経済を示唆する「小さな変化」を読み、個人と社会のあり方を考える。

978-4-334-03891-5

789
創造的脱力
かたい社会に変化をつくる、ゆるいコミュニケーション論

若新雄純

取締役が全員ニート「ＮＥＥＴ株式会社」、課員は現役女子高生「鯖江市役所ＪＫ課」…実験的なプロジェクトの実態と当事者の肉声から、ゆるめるアプローチがうむ「新しい何か」を探る。

978-4-334-03892-2

790
遊ぶ力は生きる力
齋藤式「感育」おもちゃカタログ

齋藤孝

コミュ力、やり抜く力、機転力。この世の中は学力や成績よりずっと大切なことばかり。子育てに必要なポイントを、「遊び」を軸にわかりやすく解説します。最新おもちゃカタログ付き。

978-4-334-03893-9

791
誰でもできる ロビイング入門
社会を変える技術

明智カイト

弱者やマイノリティを守るために政治に働きかけること――「草の根ロビイング」の暗黙のルールと、様々な立場からロビイングに関わってきた人たちのテクニックを紹介・解説。

978-4-334-03894-6

792
白米が健康寿命を縮める
最新の医学研究でわかった口内細菌の恐怖

花田信弘

糖質をエサに口内から血管に侵入した菌が、全身で慢性炎症を起こしている！　脳梗塞、動脈硬化、がん、認知症etc.の原因となる歯原性菌血症を防ぐため栄養学と口腔ケアの見直しを説く。

978-4-334-03895-3

793
受験うつ
どう克服し、合格をつかむか

吉田たかよし

単なる不調やストレスを越え、うつ病になる受験生が増えている。発病のサイン、対策とは何か？　脳機能から考えたストレス管理法や効率的な勉強法も教える、全受験生必読の書。

978-4-334-03896-0

794
健さんと文太
映画プロデューサーの仕事論

日下部五朗

名優・高倉健と菅原文太とともに「任俠」「実録」の一時代を築いた稀代のプロデューサーが、二人の素顔と、企画術やヒットの極意など、あらゆるモノづくりに通底するヒントを公開。

978-4-334-03897-7

795
若田光一　日本人のリーダーシップ
ドキュメント　宇宙飛行士選抜試験Ⅱ

小原健右　大鐘良一

「対応力」「調整力」「決断力」。アジアで初めて国際宇宙ステーション船長に若田光一が抜擢されたのはなぜか？　本物のリーダーの条件とは？　永遠のテーマに人気取材陣が挑む！

978-4-334-03898-4

796
心配学
「本当の確率」となぜずれる?
島崎敢

インフルエンザと交通事故、どっちが死ぬ確率は高い? 心配の度合いと、本当の確率は大きくずれる。人生の正しい選択のための学問「心配学」の世界へ、気鋭の心理学者が誘う。

978-4-334-03899-1

797
韓流スターと兵役
あの人は軍隊でどう生きるのか
康熙奉

ユンホ、チャンミン、ジェジュン……続々と入隊する20代の大物韓流スターたち。徴兵制のため2年近くファンの前から姿を消さざるをえない彼らの苦悩、そして兵役の日々の実態とは。

978-4-334-03900-4

798
ユダヤ人と近代美術
圀府寺 司

有史以来、離散・追放・移住・迫害を余儀なくされてきた人々は、どのようにして美術という世界と関わり、そこに自らの生を託してきたのか。これまで語られることのなかった物語。

978-4-334-03901-1

799
今を生き抜くための 70年代オカルト
前田亮一

UFO、UMA、超能力、心霊写真、ピラミッド・パワー、ムー大陸、四次元……ネット時代の今の視点から、あの頃オカルトがくれた自由や情熱、戦後の日本人像を再検証する。

978-4-334-03902-8

800
電通とFIFA
サッカーに群がる男たち
田崎健太

裏金、権力闘争、ロス五輪、放映権、アフリカ票——逮捕者続出! FIFAとサッカー界は生まれ変わるのか? スポーツビジネスを知り尽くす電通元専務を徹底取材した問題作。

978-4-334-03903-5

801
おどろきの心理学
人生を成功に導く「無意識を整える」技術
妹尾武治

必ず好かれる方法がある⁉ SNSを使った世論操作が可能⁉——科学としての心理学が明らかにした、おどろきの研究結果を、気鋭の心理学者が徹底的に面白くわかりやすく解説！

978-4-334-03904-2

802
非常識な建築業界
「どや建築」という病
森山高至

「どや顔」をした公共施設の急増、下請け丸投げのゼネコン、偏った建築教育… etc. 新国立競技場問題や傾斜マンション事件が巻き起こった背景を、建築エコノミストが明らかにする。

978-4-334-03905-9

803
お腹やせの科学
脳をだまして効率よく腹筋を鍛える
松井薫

一般的な腹筋運動では、なぜお腹がスリムにならないのか？スポーツトレーニングの第一人者がロジカルに解説する、時間がない人のための、画期的なお腹やせトレーニング法！

978-4-334-03906-6

804
写真ノ説明
荒木経惟

妻、愛猫、ガン、右眼。大事なモノを失う度に撮る写真が凄みと切なさを増していくアラーキー。名作から撮り下ろし、「人妻エロス」、路上ワークショップまで〝写鬼〟の全てが分かる！

978-4-334-03907-3

805
勤勉は美徳か？
幸福に働き、生きるヒント
大内伸哉

仕事のための人生か、人生のための仕事か——。大きなストレスを抱えて働く現代日本人の「不幸の原因」はどこにあるのか。「幸福に働き、幸福に生きる」ためのヒントと具体案。

978-4-334-03908-0